Mathias und Susanna Lange
Fit für die Ehe!

Mathias und Susanna Lange

Fit für die Ehe!
Mentoring zur Ehevorbereitung

Copyright © 2010 by Asaph-Verlag

1. Auflage 2010

ISBN 978-3-940188-35-9
Best.-Nr. 147435

Umschlaggestaltung: joussenkarliczek, Solveig Schäfer, D-Schorndorf (unter Verwendung des Fotos „auf und davon" © Photocase #200656, Fotograf: thetank)
Satz: Jens Wirth
Druck: Schönbach-Druck, D-Erzhausen

Printed in Germany

Für kostenlose Informationen über unser umfangreiches Lieferprogramm an christlicher Literatur, Musik und vielem mehr wenden Sie sich bitte an:

ASAPH, Postfach 2889, D-58478 Lüdenscheid
asaph@asaph.net – www.asaph.net

Inhalt

Dank 7

Vorbemerkungen 9

Einleitung: Beziehung ist Gottes Idee 11

Einheit 1: Fundament für eine gesunde Ehe 13

Einheit 2: Ehe als Bund verstehen 19

Einheit 3: Eine neue Familie gründen 27

Einheit 4: Kommunikation 35

Einheit 5: Konfliktbewältigung und Vergebung 43

Einheit 6: Sexuelle Intimität 49

Einheit 7: Einswerden ist ein Prozess 57

Anhang A: Checkliste zur Vorbereitung des Hochzeitsfestes 65

Anhang B: Vorbereitung auf die Hochzeitsnacht 67

Anhang C: AIDS 69

Anhang D: Leitfaden zur Lösung von Familienfluch 71

Anhang E: Vergebung von sexuellen Sünden und Heilung der Folgen 75

Anhang F: Scheidung und Wiederheirat (zusätzliches Treffen) 79

Dank

Wir danken Albert und Jeanette Jupe aus Neuseeland, die uns mit ihrem „Becoming one" die Idee zu diesem Arbeitsmaterial gegeben haben.

Ebenso danken wir unserer Tochter Debora Hübler für ihre Übersetzungsarbeit und unseren Mitarbeitern Johanna und Tobias Daum, mit denen wir viele Stunden an den Formulierungen gefeilt haben.

Unser Dank gilt auch Christine Schubert, die das Manuskript mit ihrer Erfahrung und Fachkenntnis durchgesehen hat, und Wolfgang Spatz für seine Korrekturen.

Wir danken Angela und Andreas Frèsz für ihre Ermutigung und für alles, was wir von ihnen lernen durften.

Über allem danken wir Gott, der uns in so genialer Weise als Mann und Frau geschaffen hat.

Möge dieses „Fit für die Ehe" vielen Paaren zu einem guten gemeinsamen Start helfen.

Mathias und Susanna Lange

Vorbemerkungen

Die Idee hinter diesem Arbeitsmaterial

Es geht darum, dass ein verliebtes oder verlobtes Paar von einem verheirateten Paar begleitet wird. Die beiden Paare treffen sich über einen Zeitraum von etwa einem halben Jahr mindestens sieben Mal für jeweils rund zwei Stunden. Zwischen den Treffen bearbeitet das verlobte Paar Hausaufgaben in einer „Zeit zu zweit". Dadurch bekommt es die Möglichkeit, sich auf das nächste Thema vorzubereiten oder sich mit dem vorherigen tiefer auseinanderzusetzen.

Dieses Material bietet Mentoren und Verlobten eine Anleitung und Gesprächsimpulse zu Themen, die der Vorbereitung auf die Ehe dienen.

An wen wendet sich dieses Arbeitsheft?

An Ehepaare, die andere in der Vorbereitung auf die Ehe begleiten möchten.

An verliebte und verlobte Paare, die sich ernsthaft auf die Ehe vorbereiten wollen.

Weshalb Mentoring zur Ehevorbereitung?

Junge Paare haben viele Fragen, die sie häufig gerne mit einem vertrauenswürdigen, erfahrenen Paar besprechen möchten. In einem persönlichen Rahmen mit Wohnzimmeratmosphäre fällt es leicht, über das Thema Ehe ins Gespräch zu kommen. Persönliche Beispiele des Mentoren-Paares können die Themen illustrieren und das junge Paar ermutigen, seine Zukunft positiv zu gestalten.

Hinweise für Verlobte

Sucht in eurem Umfeld ein Ehepaar, das sich als Mentoren-Paar eignet. Geht auf diese Eheleute zu und fragt sie, ob sie euch mit Hilfe dieses Materials begleiten möchten.

Hinweise für Mentoren

Wir empfehlen, dass ihr als Ehepaar jeweils ein junges Paar begleitet (Mentoring eins zu eins).

Das Material gibt euch die wichtigsten Themen vor; dies kann euch helfen, während der gesamten Zeit der Begleitung entspannt zu bleiben und nichts Wichtiges zu vergessen.

Ihr braucht keine perfekte Ehe zu führen, um Mentoren zu sein. Eine demütige Haltung, die ehrlich zu Schwachpunkten steht und auch eigenes Wachstum erlaubt, ist die beste Voraussetzung.

Eure persönlichen Erfahrungen geben den Treffen die richtige Würze.

Wir empfehlen, dass ihr euch an den vorgegebenen zeitlichen und inhaltlichen Rahmen haltet.

Alles, was euch das Paar erzählt, das ihr begleitet, werdet ihr selbstverständlich vertraulich behandeln.

Sorgt bei den Treffen für eine entspannte Atmosphäre, indem ihr zum Beispiel im Vorfeld eure Kinder gut versorgt, Getränke bereitstellt, Störungen durch Telefon o. Ä. ausschaltet.

Allgemeine Hinweise für ein Mentoring-Treffen

Sowohl die Mentoren als auch die Verlobten sollten im Vorfeld die entsprechende Einheit durchlesen und sich auf diese Weise auf das Treffen vorbereiten.

Bei jedem Treffen werden die Hausaufgaben ausgewertet, die das verliebte Paar bearbeitet hat und mitbringt.

Beginnt jedes Treffen mit Gebet und rechnet mit Gottes Gegenwart und Leitung.

Die kurzen Abschnitte einer Einheit werden am besten laut vorgelesen. Dazwischen können persönliche Beispiele erzählt, Erläuterungen gegeben und Fragen oder Impulse aufgegriffen werden.

Verwendete Bibelübersetzung:

Luther 1984, ansonsten mit folgenden Abkürzungen angegeben: Hfa = Hoffnung für alle, NL = Neues Leben, REÜ = Revidierte Elberfelder Übersetzung, GNB = Gute Nachricht, die Bibel in heutigem Deutsch

Einleitung
Beziehung ist Gottes Idee

Es ist nicht gut, dass der Mensch allein sei! (1. Mose 2,18)

Gottes Plan für die Ehe ist, dass ein Mann und eine Frau in gegenseitiger Achtung zu einer einzigartigen Einheit finden. Die Ehe spiegelt die Einheit der Gottheit wider. Gott, der Vater, der Sohn und der Heilige Geist wirken unterschiedlich und sind doch eins.

1. Mose 1,27: „Und Gott schuf den Menschen zu seinem Bilde, zum Bilde Gottes schuf er ihn; und schuf sie als Mann und Frau" (wörtlich: männlich und weiblich).

Gott selbst lebt Beziehung. Darum ist auch der Mensch ein Beziehungswesen. In Gott hat auch Elternschaft ihren Ursprung. Die menschliche Familie ist das Abbild des göttlichen Originals.

Epheser 3,14.15: „Deshalb beuge ich meine Knie vor dem Vater, der der rechte Vater ist über alles, was da Kinder heißt im Himmel und auf Erden."

Gott ist der Experte in Sachen Beziehungen. Er möchte, dass wir in guten Beziehungen leben – zu ihm und zueinander.

In den ersten Kapiteln der Bibel sehen wir, dass Sünde zum Zerbrechen von Beziehungen führte. Die Auswirkungen des Sündenfalls erleben wir im täglichen Miteinander in unserem Umfeld – in den Ehen und Familien, in den Kindergärten und Schulen, am Arbeitsplatz, in Vereinen und in der Nachbarschaft, in den Kirchen und Gemeinden, in unseren Dörfern, Städten und Ländern und in den globalen Beziehungen der Völker.

Wenn zwei Menschen heiraten, ist dies nicht nur für die Zukunft dieser beiden bedeutsam, sondern es entsteht auch eine neue, keimfähige Zelle der Gemeinschaft. Der Zustand einer Ehe hat Auswirkungen auf alle anderen Bereiche der Gesellschaft.

Eine gute Ehe fällt uns nicht in den Schoß

Die Institution Ehe hat ein großartiges Potenzial. Die Beziehung von Mann und Frau kann ein idealer Nährboden sein, auf dem Leben gedeiht und sich entfaltet. Dies gilt sowohl für die Eheleute, die ihre Persönlichkeit entwickeln können, als auch für eine neue Generation. Dazu braucht es die Fähigkeit und die Bereitschaft beider Partner, sich selbst zu geben und vom anderen zu empfangen. Es ist die Fähigkeit, Liebe zu geben und Liebe zu empfangen. Praktisch heißt dies, Verantwortung zu übernehmen, Zeit und Energie zu investieren, gegenüber sich selbst und dem Partner ehrlich und offen zu sein und sich selbst und den Partner mit Stärken und Schwächen anzunehmen. Dies schließt selbst unsere Sündhaftigkeit ein. Es gilt zu vergeben, zu ermutigen und einander zu bestätigen.

Wir leben nicht mehr im Paradies

Seit dem Sündenfall ist das Böse am Werk und versucht, Gottes gute Schöpfung zu zerstören. Eine gute Ehe reflektiert die Güte Gottes. Weil sie damit der Lüge des Teufels über Gottes Charakter widerspricht, müssen wir mit seinen Angriffen rechnen. Gott ist auf unserer Seite. Wir dürfen mit seiner Hilfe rechnen, wenn wir ernsthaft an unserer Beziehung arbeiten.

Gottes Wort gibt Orientierung

Wie ein Baumeister den Plan des Architekten studiert und ihm folgt, um ein stabiles Gebäude zu errichten, so können wir dem Plan Gottes folgen, um eine einzigartige und lebenslange Ehe zu bauen. Er ist unser Berater und leitet seine Kinder gerne.

Psalm 127,1 (Hfa): „Wenn der Herr nicht das Haus baut, dann ist alle Mühe der Bauleute umsonst."

Die Verlobungszeit ist wichtig

In der Zeit vor der Hochzeit wird der „Zug auf die Gleise gesetzt", auf denen er in die Zukunft fährt. Es besteht eine kreative Spannung, in der die Verliebten eine hohe Fähigkeit und Bereitschaft zur Veränderung mitbringen. Erfahrungsgemäß ist nach der Hochzeit die Luft raus. Dann möchten die Neuvermählten das Erreichte genießen, und die anstrengende Arbeit an der Beziehung tritt erst einmal in den Hintergrund. Daher kommt es darauf an, dass die Weichen vorher richtig gestellt werden, denn später ist es wesentlich mühsamer, grundlegende Veränderungen vorzunehmen.

Einheit 1
Fundament für eine gesunde Ehe

Gesunder Selbstwert

Du bist eine besondere Person, und es gibt niemanden auf der ganzen Welt, der genauso ist wie du. Du bist einzigartig und wertvoll.

Psalm 139,13–17 (Hfa): „Du hast mich geschaffen – meinen Körper und meine Seele, im Leib meiner Mutter hast du mich gebildet. Herr, ich danke dir dafür, dass du mich so wunderbar und einzigartig gemacht hast! Großartig ist alles, was du geschaffen hast – das erkenne ich! Schon als ich im Verborgenen Gestalt annahm, unsichtbar noch, kunstvoll gebildet im Leib meiner Mutter, da war ich dir dennoch nicht verborgen. Als ich gerade erst entstand, hast du mich schon gesehen. Alle Tage meines Lebens hast du in dein Buch geschrieben – noch bevor einer von ihnen begann! Deine Gedanken sind zu schwer für mich, o Gott, es sind so unfassbar viele!"

In den Augen Gottes, des Schöpfers, ist jeder Mensch wertvoll. Das Selbstwertgefühl eines Menschen wird in hohem Maße durch sein Elternhaus geprägt.

Wie der Selbstwert im Elternhaus geprägt wird:

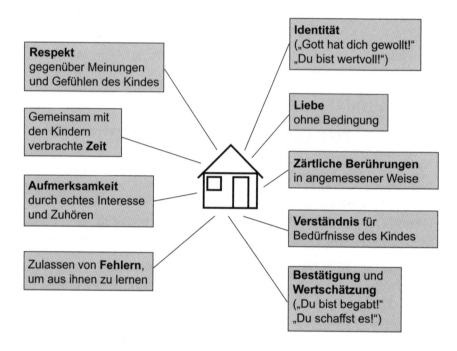

> **Gesprächsimpuls:**
> Wie habt ihr diese Aspekte in eurem Elternhaus erlebt?
> Erzählt einander davon!

In Gott gegründete Identität

Vielleicht gehörte bei euch zu Hause Ermutigung zum Lebensstil. Wenn das so ist, kannst du dankbar sein. Vielleicht kommst du aber aus einer Familie, in der du nicht viel Ermutigung oder Lob bekommen hast. Dann wird es dir wahrscheinlich nicht ganz leicht fallen, Lob und Anerkennung auszusprechen und selbst anzunehmen. Gott will uns dabei helfen und unsere Defizite ausgleichen. In der Beziehung zu ihm können wir Wertschätzung und Bestätigung erfahren und lernen, sie anderen weiterzugeben. Gott bestätigt den Wert jedes Menschen mit Worten und Taten.

Jesaja 43,1–5 (NL): „Hab keine Angst, ich habe dich erlöst. Ich habe dich bei deinem Namen gerufen; du gehörst mir. ... weil du in meinen Augen kostbar und wertvoll bist und weil ich dich liebe. ... Fürchte dich nicht, denn ich bin bei dir ..."

Gott liebt uns und freut sich, wenn wir seine Liebe erwidern. Weil er uns liebt, können wir uns auch selbst annehmen und lieben. Selbstannahme ist eine wichtige Voraussetzung, um andere Menschen, und besonders den Partner, dauerhaft lieben zu können.

> **Gesprächsimpuls:**
> Erinnere dich an Situationen, in denen du Gottes Liebe und Annahme persönlich erfahren hast. Vielleicht sind dir bestimmte Worte oder Bibelverse wichtig, in denen du Gottes Liebe und Wertschätzung für dich erkennst. Erzähle deinem Partner davon.

Wertschätzung ausdrücken

Auch als Erwachsene brauchen wir weiterhin Bestätigung und Wertschätzung durch andere Menschen. Eheleute haben viele Gelegenheiten, einander Wertschätzung zu geben.

Nutzt eure Freundschaft, um das Ausdrücken von Wertschätzung einzuüben, bis es zur Gewohnheit wird! Ermutigt und bestätigt einander, wann immer sich die Gelegenheit dazu bietet! Seid Ermutiger und ihr werdet über die Auswirkungen staunen!

Wie geht das praktisch?

- Ermutige deinen Partner, wenn er einen schlechten Tag hat.
- Sprich ihm ein Lob aus für die Schritte, die er bezüglich der Hochzeitsplanung unternommen hat.
- Schicke deinem Partner ein paar Zeilen, in denen du ihm deine Liebe ausdrückst.
- Zeige ihm deine Anerkennung, wenn er dich umwirbt.
- Nimm deinen Partner nicht für selbstverständlich. Gib ihm immer wieder Anerkennung und Bestätigung. Wir alle brauchen sie!

Respekt und Annahme

Eine Haltung des gegenseitigen Respekts ist ein wichtiger Baustein für die Ehe.

> **Gesprächsimpuls:**
> Kennst du Ehepaare, die respektvoll miteinander umgehen und dir Vorbild sind?
> Wie war es in deiner Ursprungsfamilie?
> Erzählt einander, was ihr beobachten konntet.

Die Verlobungszeit ist eine besondere Gelegenheit, einen respektvollen Umgangsstil zu prägen. Damit legt ihr eines der wichtigen Gleise, auf denen euer „Ehe-Zug" erfolgreich fahren kann.

Eine wichtige Aufgabe in der Ehe ist, deinen Partner so anzunehmen, wie er ist. Es funktioniert nicht, wenn du ihn zuerst so verändern willst, wie du ihn haben möchtest. Liebe nimmt den anderen brutto an.

Römer 15,7 (Hfa): „Nehmt einander an, so wie Christus euch angenommen hat. Auf diese Weise wird Gott geehrt."

Liebe

Liebe ist ein wesentlicher Baustein für die Ehe und muss die Grundlage für unsere Beziehung sein. Gott möchte, dass wir lieben, wie er uns liebt. Seine Liebe ist nicht davon abhängig, was wir leisten, wie wir aussehen oder wo wir herkommen. Er liebt uns, weil sein Wesen Liebe ist.

Paulus definiert, was Liebe ist:

1. Korinther 13,4–7.13 (Hfa): „Liebe ist geduldig und freundlich. Sie ist nicht verbissen, sie prahlt nicht und schaut nicht auf andere herab. Liebe verletzt nicht den Anstand und sucht nicht den eigenen Vorteil, sie lässt sich nicht reizen und ist nicht nachtragend. Sie freut sich nicht am Unrecht, sondern freut sich, wenn die Wahrheit siegt. Liebe ist immer bereit zu verzeihen, stets vertraut sie, sie verliert nie die Hoffnung und hält durch bis zum Ende. Die Liebe wird niemals vergehen. ... Was bleibt, sind Glaube, Hoffnung und Liebe ... Die Liebe aber ist das Größte."

Liebe sucht das Beste für den anderen und lässt keinen Raum für Egoismus und Selbstsucht.

Gemeinsames Glaubensfundament

Gott möchte, dass wir als Ehepaar „eins werden". Dazu ist eine gemeinsame Basis nötig, aus der wir unsere Wertvorstellungen und unseren Lebenssinn beziehen. Ist für beide Partner die Liebe zu Gott grundlegend, wird diese Liebe sie tief miteinander verbinden.

Lukas 10,27 (Hfa): „Du sollst den Herrn, deinen Gott, lieben von ganzem Herzen, mit ganzer Hingabe, mit all deiner Kraft und mit deinem ganzen Verstand. Und auch deinen Mitmenschen sollst du so lieben wie dich selbst."

Der Apostel Paulus warnt davor, sich mit Menschen zu verbinden, die eine entgegengesetzte Grundhaltung haben:

2. Korinther 6,14 (Hfa): „Zieht nicht an einem Strang mit Leuten, die nicht an Christus glauben."

Gesprächsimpuls:
Wie sieht euer gemeinsames Glaubensfundament aus? Beantwortet die folgenden Fragen für euch persönlich und tauscht anschließend eure Antworten aus.
Wie wichtig ist Gott in deinem Leben? Wie beeinflusst er dein Leben und deine Entscheidungen heute?
Wie stellst du dir eure Beziehung zu Gott als Ehepaar vor? Denke z. B. an Gebet, Bibellesen, Gottesdienstbesuch …

Nacharbeit zu Einheit 1
(Zeit zu zweit)

Beantwortet die folgenden drei Fragen zunächst persönlich. Danach tauscht euch darüber aus.

1. Welche Stärken wirst du deiner Meinung nach in eure Ehe einbringen?

2. Welche Stärken wird dein Partner deiner Meinung nach in eure Ehe einbringen?

3. Worin seid ihr deiner Meinung nach unterschiedlich?

Welche Eigenschaften schätzt du besonders an deinem Partner? Schreibe deinem Partner einen Liebesbrief oder sage es ihm direkt und schau ihm dabei in die Augen!

Vorbereitung auf Einheit 2
Ehe als Bund verstehen

Zur Vorbereitung unserer nächsten Einheit bearbeitet bitte in einer „Zeit zu zweit" die folgenden Fragen:

Was bedeutet der Begriff „Treue" für euch?

Wie kann sich Treue in eurer Beziehung ausdrücken?

Einheit 2
Ehe als Bund verstehen

Vielleicht ist dir der Begriff „Bund" im Zusammenhang mit der Ehe nicht geläufig. In einigen Kulturen kennt man den Blutbund, z. B. bei afrikanischen oder indianischen Völkern. Auch im alten Mesopotamien, wo Abraham herkam, und im Orient war der Bund zwischen zwei Partnern wichtig. In der westlichen Kultur dagegen spielt er kaum eine Rolle.

Bündnisse wurden zwischen Völkern, zwischen Freunden (z. B. David mit Jonathan) und auch zwischen Gott und Menschen geschlossen, (z. B. Gott mit Abraham, Gott mit Mose). Auch die Beziehung zwischen Ehemann und Ehefrau ist eine Bundesbeziehung. Paulus deutet in Epheser 5,32 die Ehe als Gleichnis für die Beziehung zwischen Christus und seiner Gemeinde – eine Bundesbeziehung.

Was ist ein Bund?

Ein Bund beinhaltet ein ernsthaftes und feierliches Versprechen der Treue und des Beistandes. („Mein Leben ist dein Leben. Was mein ist, gehört auch dir. Deine Interessen haben Vorrang vor meinen eigenen. Wenn du angegriffen wirst, werde ich dich verteidigen. Ich lebe nicht länger für mich, sondern für dich.")

Im Gegensatz zu einem Vertrag kann ein Bund nicht aufgelöst werden und gilt für immer. Er schließt auch nachfolgende Generationen ein.

Ehebund

Den Bund der Ehe einzugehen bedeutet, dass ich auch durch Schwierigkeiten hindurch zu meinem Partner stehe. Ich ziehe es nicht einmal in Erwägung, den Bund zu brechen. Die Ehe ist ein Bund der Liebe, der nicht von Regeln und Kontrolle bestimmt ist, sondern von gegenseitiger Annahme und Vergebung. Meine Frage ist nicht: „Was springt für mich heraus?", sondern: „Was kann ich in diese Beziehung investieren?" Beide Partner achten den anderen höher als sich selbst.

Johannes 15,14 (Hfa): „Die größte Liebe beweist jemand, der sein Leben für die Freunde hingibt."

Der Ehebund ist die Beziehung mit der größtmöglichen Verbindlichkeit. Sie wird erst durch den Tod eines der beiden Partner beendet.

Bund entspricht Gottes Wesen

Vater, Sohn und Heiliger Geist wirken in völliger Einheit.

Johannes 10,30: „Ich und der Vater sind eins."

Es besteht eine tiefe Vertrauensbeziehung zwischen Gott dem Vater, dem Sohn und dem Heiligen Geist. Weil Treue Teil der göttlichen Natur ist, handelt Gott in Bündnissen, z. B. im Alten und Neuen Bund.

Beispiele im Alten Testament

Gottes Bund mit Abraham:

1. Mose 17,2: „Und ich will meinen Bund zwischen mir und dir schließen und will dich über alle Maßen segnen ..., darum sollst du nicht mehr Abram, sondern Abraham heißen."

Gottes Bund mit Mose und Israel:

2. Mose 24,8: „Seht, das ist das Blut des Bundes, den der Herr mit euch geschlossen hat ..."

Ein Bundesschluss folgte einem bestimmten Ritual

Er wurde mit Blut geschlossen:

1. Mose 15,9–10: „Gott beauftragte Abraham: ‚Bringe mir eine dreijährige Kuh, eine dreijährige Ziege, einen dreijährigen Widder, eine Turteltaube und eine andere Taube.' Und er brachte ihm dies alles und zerteilte es in der Mitte ..."

2. Mose 24,8: „Da nahm Mose das Blut und besprengte das Volk damit und sprach: Seht, das ist das Blut des Bundes, den der HERR mit euch geschlossen hat aufgrund aller dieser Worte."

Die Bundeslade und das Blut der Opfertiere erinnerte an den Bund und die Treue Gottes.

Die Bundespartner gaben sich Versprechen:

1. Mose 15,18: „An dem Tag schloss der Herr einen Bund mit Abram und sprach: Deinen Nachkommen will ich dies Land geben ..."

1. Mose 17,4: „Und Gott redete weiter mit ihm (Abram) und sprach: Siehe, ich habe meinen Bund mit dir, und du sollst ein Vater vieler Völker werden."

Man tauschte Namen, Waffen oder Gewänder:

1. Mose 17,5: „... darum sollst du nicht mehr Abram heißen, sondern Abraham."

Abraham bekam einen neuen Namen. Der Buchstabe „H" ist ein Buchstabe des hebräischen Gottesnamens.

1. Mose 21,27: „Da nahm Abraham Schafe und Rinder und gab sie Abimelech, und die beiden schlossen einen Bund miteinander."

1. Samuel 18,4: „Und Jonathan zog seinen Rock aus und gab ihn David, dazu seine Rüstung, sein Schwert, seinen Bogen und seinen Gurt."

Ein Zeichen des Bundes wurde definiert und eingesetzt:

1. Mose 17,10.11: „Das aber ist mein Bund, den ihr halten sollt zwischen mir und euch und deinem Geschlecht nach dir: Alles, was männlich ist unter euch, soll beschnitten werden; eure Vorhaut sollt ihr beschneiden. Das soll das Zeichen sein des Bundes zwischen mir und euch."

Der Bundesschluss wurde mit einem Festmahl gefeiert:

1. Mose 18,6–8: „Abraham eilte in das Zelt zu Sara und sprach: ‚Eile ... und backe Kuchen.' Er aber lief zu den Rindern und holte ein zartes gutes Kalb und gab's dem Knechte; der eilte und bereitete es zu. Und er trug Butter und Milch auf und von dem Kalbe, das er zubereitet hatte, und setzte es ihnen vor ... und sie aßen."

1. Mose 26,26–30 (Bundesschluss zwischen Abimelech und Isaak): „Es soll ein Eid zwischen uns und dir sein, und wir wollen einen Bund mit dir schließen ... Da machte er ihnen ein Mahl und sie aßen und tranken ... Und früh am Morgen standen sie auf, und einer schwor dem anderen ... "

Im Neuen Testament schließt Gott in Jesus einen neuen Bund mit den Menschen

Lukas 22,20 (Hfa): „Nach dem Essen nahm Jesus den Becher mit Wein, reichte ihn den Jüngern und sagte: ‚Dies ist mein Blut, mit dem der neue Bund zwischen Gott und den Menschen besiegelt wird. Es wird für euch zur Vergebung der Sünden vergossen.'"

- Gott besiegelt den neuen Bund mit dem Blut seines Sohnes.
- Er verspricht: Wer an ihn glaubt, geht nicht verloren, sondern hat das ewige Leben.
- Jesus bietet einen Tausch an: Er nimmt unser verdorbenes Leben und gibt uns sein gerechtes Leben.
- Die Taufe ist ein körperliches Geschehen als Zeichen, dass wir in den Bund eintreten. Sie ist das Symbol für den Tod unseres alten Lebens und die Auferstehung mit Jesus.
- Das Abendmahl wird von Jesus zur regelmäßigen Feier des Bundes bestimmt.

Hochzeit ist der Bundesschluss zwischen Braut und Bräutigam

- Mann und Frau legen ihr individuelles Leben zugunsten einer gemeinsamen Zukunft nieder.
- Sie versprechen sich öffentlich Liebe und Treue. In manchen Kulturen werden Ringe ausgetauscht als Symbol der Treue.
- Der gemeinsame Familienname steht für die gemeinsame Zukunft.
- Das Hochzeitsmahl wird als besonderes Festessen zelebriert.
- Beim ersten Geschlechtsverkehr besiegelt das Paar seinen Ehe-Bund mit Blut. Mit dem Bundeszeichen der sexuellen Vereinigung feiert das Ehepaar seinen Bund ein Leben lang.

Wenn Braut und Bräutigam während der Trauung das Abendmahl feiern, ist dies ein bedeutsames Zeichen. Es steht für Gottes Bund mit uns, in den wir unseren Ehebund „einhängen".

Wir leben von seiner Vergebung, und weil er uns vergibt, können auch wir einander vergeben. Gott möchte der Dritte im Bunde sein – und damit der wichtigste Stabilisator in der Ehe.

Prediger 4,12: „Einer mag überwältigt werden, aber zwei können widerstehen, und eine dreifache Schnur reißt nicht leicht entzwei."

Bundeszeichen Geschlechtsverkehr

Es entspricht Gottes Plan, dass ein Ehepaar die sexuelle Beziehung pflegt. Geschlechtsverkehr ist das heilige Bundeszeichen ihrer Beziehung. Der Begriff „heilig" bedeutet „für einen besonderen Gebrauch reserviert" und deutet auch auf eine geistliche Dimension hin. Verstehen wir die Ehe als Bund, wird deutlich, weshalb Gott Geschlechtsverkehr für die Ehe reserviert hat:

2. Mose 22,15 (Hfa): „Wenn ein Mann ein Mädchen, das noch nicht verlobt ist, verführt und mit ihr schläft, muss er den Brautpreis für sie bezahlen und sie heiraten."

Warnung vor Ehebruch, Maleachi 2,16 (REÜ): „Darum hütet euch bei eurem Leben" (wörtlich Geist) „und handelt nicht treulos!"

Großer Segen erwartet uns, wenn wir von Anfang an unsere Beziehung nach Gottes Willen ausrichten und mit Sex bis zur Hochzeit warten. Den Bund mit Blut zu besiegeln ist nur einmal möglich. Es ist kostbar, wenn die erste und damit prägende sexuelle Erfahrung beider Partner in der Hochzeitsnacht stattfindet. Dann hat das Paar die einzigartige Gelegenheit, diesen sensiblen und kostbaren Bereich gemeinsam zu entdecken und zu entwickeln, ohne ihn mit Kummer und Problemen aus vorherigen, zerbrochenen Beziehungen zu belasten.

Frühere sexuelle Erfahrungen

Wenn du bereits sexuelle Beziehungen eingegangen warst, dann bringe diese Schuld vor Jesus, empfange Vergebung und bitte auch deinen Partner um Vergebung.

Hast du sexuellen Missbrauch und schlimme seelische Schmerzen und Scham erlebt, mach dir klar, dass du dafür nicht die Schuld trägst. Es ist Gottes Wunsch, dass du Heilung erlebst. Sprich mit einer Person deines Vertrauens, die dir hilft, diese Erlebnisse aufzuarbeiten. Um deine spätere Ehe nicht mit negativen Erfahrungen der Vergangenheit zu belasten, lohnt es sich, gründlich aufzuräumen.

Psalm 147,3 (Hfa): „Er heilt den, der innerlich zerbrochen ist, und verbindet seine Wunden."

1. Johannes 1,9: „Wenn wir aber unsere Sünden bekennen, ist er treu und gerecht, dass er uns die Sünden vergibt und reinigt uns von aller Ungerechtigkeit."

Gesprächsimpuls:
Tauscht euch darüber aus, wie ihr Bund und das Bundeszeichen der Sexualität versteht.

Nacharbeit zu Einheit 2
Ehe als Bund verstehen

Lest gemeinsam 1. Korinther 13,4–8

Erstellt eine Liste mit Begriffen, was Liebe bedeutet, und eine Liste mit Begriffen, was Liebe nicht bedeutet.

Wie würdet ihr euer Treue-Versprechen formulieren?

Vorbereitung auf Einheit 3
Eine neue Familie gründen

Deine Herkunftsfamilie

Denke an deine Eltern und Großeltern! Welche typischen oder bedeutsamen Merkmale oder Geschehnisse fallen dir zu ihnen ein (positive wie negative)? Zum Beispiel: spezielle Begabungen, berufliche Qualitäten, charakterliche Eigenschaften, auffällige Krankheiten, Lebens- und Wohnumfeld, Familienzusammenhalt, Wertvorstellungen und Glaube, gesellschaftlicher Status, materielle Situation …

Mache dir Notizen und bringe sie zum nächsten Treffen mit:

Mutter .... Vater ....

Großvater .... Großvater ....

Großmutter .... Großmutter ....

Welche Werte sind deinen Eltern wichtig?

Welche Werte möchtest du in deine Ehe übernehmen und welche nicht?

Herkunftsfamilie deines Partners

Was fällt dir auf, wenn du an die Eltern und Großeltern deines Partners denkst?

Einheit 3
Eine neue Familie gründen

Vater und Mutter verlassen

1. Mose 2,24 (Hfa): „Darum verlässt ein Mann seine Eltern und verbindet sich so eng mit seiner Frau, dass die beiden eins sind mit Leib und Seele."

Diese Bibelstelle zum Thema Ehe verdient besondere Beachtung, weil Jesus und Paulus sie zitieren (Matthäus 19,5 und Epheser 5,31).

Wenn wir eine Ehe eingehen, verändert sich der Bezugspunkt. Die Beziehung zum Partner wird zur wichtigsten zwischenmenschlichen Beziehung und alle anderen Beziehungen nehmen eine untergeordnete Stelle ein. Dies betrifft ganz besonders die Beziehung zu unseren Eltern. Damit wir eine neue Familie gründen können, müssen wir die bisherige verlassen. „Verlassen" bedeutet, das Elternhaus und die Position als Kind unter der Autorität und Fürsorge der Eltern aufzugeben, sodass wir die neue Aufgabe als Ehemann bzw. Ehefrau erfüllen können.

Die Eltern ehren und ihnen danken

5. Mose 5,16: „Du sollst deinen Vater und deine Mutter ehren, auf dass du lange lebest und es dir wohl gehe in dem Lande, dass dir der Herr, dein Gott, geben wird."

Die Eltern verlassen bedeutet nicht, dass das Gebot, sie zu ehren, aufgehoben wäre, sondern dass die Beziehung zu den Eltern neu definiert wird. Die Eltern sind nicht mehr diejenigen, die euch sagen, was ihr zu tun und zu lassen habt. Jetzt ist wichtig, dass ihr als Paar für eure Zukunft gemeinsam eigene Entscheidungen trefft und Verantwortung übernehmt. Eltern können gute Ratgeber sein. In der Zeit der Vorbereitung auf die Hochzeit ist es gut und wichtig, darüber nachzudenken, was eure Eltern in euch investiert haben. Oft sind es die kleinen Dinge, die wir für selbstverständlich halten, z. B. Wäschewaschen, Essenkochen, Benutzung ihres Autos, Bildung, Urlaub, Zeit, Geschenke, Finanzen etc. Jetzt ist ein guter Zeitpunkt, den Eltern dafür euren Dank und eure Wertschätzung auszudrücken (siehe Nacharbeit zu dieser Einheit).

Verletzungen aufarbeiten

„Verlassen" bedeutet auch, alle Enttäuschungen oder Verletzungen, die ihr in eurer Kindheit erfahren habt, anzuschauen, sie loszulassen und euren Eltern bewusst zu vergeben. Alle nicht vergebenen Dinge nehmt ihr als Altlast mit in eure Ehe. Vergebung setzt frei und ermöglicht neue und gesunde Beziehungen – auch zu den Eltern.

Matthäus 6,12: „Vergib uns unsere Schuld, wie auch wir vergeben unseren Schuldnern."

> **Gesprächsimpuls:**
> Wo fühle ich mich von meinen Eltern verletzt oder bin von ihnen enttäuscht?

Um Vergebung bitten

Es geht nicht darum, den Eltern die Schuld für meine Schwächen zuzuschieben. Jeder muss für seine eigenen negativen Verhaltensmuster Verantwortung übernehmen und sich um Veränderung bemühen. Persönliches Wachstum ist ein lebenslanger Prozess! So kann es auch sein, dass du deine Eltern oder andere Familienmitglieder für negative Haltungen oder Verhaltensweisen um Vergebung bitten solltest, die du bei dir entdeckst.

Herkunftsfamilie verstehen

Nehmt euch bitte jetzt eure Notizen über eure Herkunftsfamilien zur Hand. Diese Hintergrundinformationen zeigen euch etwas von euren Wurzeln und was euch geformt hat. Ebenso machen sie deutlich, dass der Familienhintergrund des Partners unter Umständen ganz anders ist. Dies zu verstehen und anzunehmen ist äußerst hilfreich auf dem Weg des Einswerdens.

Im Nachdenken und Gespräch über eure Herkunftsfamilien könnt ihr als Paar eure eigenen gemeinsamen Werte formulieren. („Wie wollen wir unsere Familie gestalten und was sollen unsere grundlegenden Werte sein?")

> **Gesprächsimpuls:**
> Welche positiven Eigenschaften deiner Herkunftsfamilie wünscht du dir auch für deine Ehe? Beispiel:
> - einen Vater, der echtes Interesse zeigt
> - eine fürsorgliche Mutter
> - fester Glaube an Gott
> - Treue und Zuverlässigkeit
> - Gastfreundschaft
>
> Nachdem sich jeder seine eigenen Gedanken gemacht hat, tauscht euch darüber aus!

Die Hintergrundinformationen können auch typische, sich wiederholende negative Muster aufzeigen, zum Beispiel:

- Zerwürfnisse zwischen Geschwistern oder Generationen
- Psychische Störungen, Selbstmord, Süchte, Missbrauch
- Beruflicher Erwartungsdruck (z. B. Weiterführung eines Familienbetriebs)
- Leistungsdruck
- Extreme Dominanz einzelner Personen oder Manipulation
- Nicht-eheliche Beziehungen und Schwangerschaften, Abtreibungen

Solche Dinge sollten nicht leichtfertig abgetan werden, etwa mit der Bemerkung: „Damit habe ich nichts zu tun!", oder „Ich bin doch Christ, alles ist neu geworden." Es besteht die Gefahr, dass sich negative Muster in der eigenen Ehe wiederholen.

4. Mose 14,18: „Der HERR ist geduldig und von großer Barmherzigkeit und vergibt Missetat und Übertretung, aber er lässt niemand ungestraft, sondern sucht heim die Missetat der Väter an den Kindern bis ins dritte und vierte Glied."

1. Petrus 1,18: „Ihr wisst, dass ihr nicht mit vergänglichem Silber oder Gold erlöst seid aus eurem nichtigen Leben, das ihr wie die Väter führtet, sondern mit dem kostbaren Blut Christi ..."

Im Laufe eurer Ehe werdet ihr immer wieder an euer jeweiliges Elternhaus erinnert werden. Neben positiven Erinnerungen werdet ihr auch auf negative

Erfahrungen und persönliche Verletzungen stoßen. Dies sind gute Gelegenheiten, die elterliche Prägung anhand göttlicher Prinzipien zu überdenken. Nehmt, was ihr an Gutem erkennt, in Dankbarkeit an. Erkennt ihr Verhaltensweisen oder Erinnerungen als ungesund, könnt ihr bewusst einen anderen Kurs einschlagen. Dazu gehört, vor Gott denen zu vergeben, die einen verletzt haben, und um Vergebung für eigene sündhafte Haltungen zu bitten (z. B. Groll, Ablehnung). Entdeckt man die Tendenz zu den gleichen negativen Verhaltensweisen bei sich selbst, kann man nach dem Vorbild Daniels (Daniel 9) und Nehemias (Nehemia 1) beten („Ich und meine Väter haben gesündigt"). Auf der Grundlage von Vergebung darf im Namen Jesu Familienfluch gebrochen werden (Matthäus 18,18). Es ist hilfreich, dies mit einem Seelsorger zu tun. In Römer 12,2 weist uns das Wort Gottes an, unser Denken zu erneuern. Gott möchte, dass wir unseren Kindern und den kommenden Generationen ein gutes Erbe weitergeben. Nehmt euch vor, nicht richtend über eure Eltern zu sprechen, sondern in einer vergebenden Haltung eure Eltern zu ehren und zu segnen.

Im Anhang befindet sich weiterführendes Material und eine Hilfe für Gebet („Leitfaden zur Lösung von Familienfluch").

Der Segen der Eltern

Gott möchte uns in jeder Hinsicht segnen. Dazu gehört auch, dass wir mit dem Segen unserer Eltern heiraten. In der westlichen, individualistischen Gesellschaft haben wir wenig Verständnis für Generationen. Im biblischen Verständnis ist das anders. Ist dir z. B. schon einmal aufgefallen, dass Gott sich als der Gott Abrahams, Isaaks und Jakobs vorstellt? Oder hast du dich gefragt, weshalb lange Geschlechtsregister in der Bibel zu finden sind? Unsere Wurzeln haben Bedeutung.

Manchmal können Eltern nicht sofort ein Ja zum Wunschpartner ihres Kindes finden. Sie brauchen vielleicht Zeit und Gespräche, damit sie ihn kennenlernen können und Vertrauen wächst. Bedenkt, dass eure Eltern durch einen Prozess des Loslassens gehen und dass sie im Normalfall das Beste für ihre Kinder wollen.

Weiht sie rechtzeitig in eure Zukunftspläne ein. Es ist z. B. kein „alter Zopf", wenn der Mann bei ihren Eltern um die Hand seiner Freundin anhält. Dadurch beweist er Verantwortung und drückt ihnen gegenüber Respekt aus. Schließlich haben die zukünftigen Schwiegereltern sehr viel in ihr Kind investiert. Werden Eltern vor vollendete Tatsachen gestellt, wird es ihnen wesentlich schwerer fallen, euch zu unterstützen und zu segnen.

Das Segnen der Eltern kann durch Gebet geschehen, oder indem sie euch einfach Gutes wünschen und dies auf ihre Weise ausdrücken (z. B. 1. Mose 28,1–7).

Auch wenn du sie im Moment vielleicht für nicht so wichtig erachtest: Die Beziehung zu den Eltern ist eine der dauerhaftesten im Leben und es gilt sie positiv zu gestalten. Vielleicht wirst du einmal froh sein, ihren Rat und ihre Hilfe in Anspruch nehmen zu können. Eure Hochzeit soll nicht nur für euch beide, sondern auch für eure beiden Familien eine besondere Freude sein.

> **Gesprächsimpuls:**
> Wie stehen eure Eltern zu eurer Beziehung? Was könnt ihr unternehmen, um die Beziehungen zu Eltern und zukünftigen Schwiegereltern positiv zu gestalten?

Interkulturelle Ehe

Kommt ihr als Paar aus unterschiedlichen Nationen, ist es besonders wichtig, viel miteinander zu reden und euch von euren Familien zu erzählen. Findet so viel wie möglich über die Kultur des Partners heraus. Tauscht aus, wie bei euch zu Hause Feste gefeiert werden, zum Beispiel Weihnachten oder Geburtstag, welche Traditionen wichtig sind, welche Bedeutung der Großfamilie und Verwandtschaft zugemessen wird. Dabei werdet ihr manches entdecken, was euch fremd ist. Häufig ist es nötig, sich feinfühlig auf die Familien und Kulturen einzustellen. Besonders bei der Hochzeitszeremonie kommen die Traditionen zum Tragen. Nehmt euch in der Planungsphase viel Zeit zum Gespräch und findet Wege, wie ihr beide Kulturen berücksichtigen könnt. Auf diese Weise könnt ihr Missverständnisse vermeiden, deren Folgen häufig nicht rückgängig zu machen sind.

Wiederheirat

War einer der Partner schon einmal verheiratet, gibt es noch viele andere Dinge zu bedenken. Um nicht Altlasten aus der vorherigen Beziehung in eine neue mitzunehmen, ist es wichtig, die vorherige in guter Weise abzuschließen und sich nicht wegen eines emotionalen Mangels überstürzt zu binden. Wir empfehlen dringend ein gesondertes Treffen, für das sich im Anhang weitere Fragen zur Bearbeitung befinden.

Nacharbeit zu Einheit 3
Eine neue Familie gründen

Denke an deine Herkunftsfamilie und schreibe deine Gedanken zu folgenden Fragen auf:

1. Welche Regeln sind in deiner Familie wichtig?

2. Welche unausgesprochenen Regeln gelten, wenn es darum geht, Gefühle auszudrücken?

Erstelle eine „Liste der Dankbarkeit"! Schreibe auf, wofür du deinen Eltern dankbar bist, und dann drücke deine Dankbarkeit ihnen gegenüber auch aus!

Du könntest ihnen zum Beispiel einen Brief schreiben (oder einen Brief an deine Mutter und einen an deinen Vater), in dem du ihnen für das dankst, was sie in dich investiert haben und was du an ihnen schätzt, z. B. „Ich bewundere deine Geduld, als ich nicht zuhörte …", oder „Danke für die lustigen Zeiten, die wir zusammen hatten. Ich werde nie vergessen, wie wir …"

Drücke aus, dass sich eure Beziehung jetzt verändern wird, dass sie dir aber weiterhin wichtig ist und dass du sie als Eltern immer lieben und ehren willst. Finde einen guten Weg, ihnen diesen Brief zu geben.

Sind deine Eltern Christen, bitte sie, euch als Paar zu segnen – in entspannter Atmosphäre zu Hause oder während der Trauung.

Vorbereitung auf Einheit 4
Kommunikation

Bitte bewerte eure Kommunikation anhand dieser Tabelle

	selten	manchmal	ständig
1. Haben wir tiefe Gespräche miteinander?			
2. Höre ich wirklich zu?			
3. Sprechen wir über Ziele und Träume?			
4. Dreht sich das Gespräch meist um mich?			
5. Dominiere ich das Gespräch?			
6. Streiten wir miteinander?			
7. Spreche ich respektlos über meinen Partner?			
8. Bedanke ich mich und schenke ihm Anerkennung?			
9. Unterbreche ich meinen Partner, während er spricht?			
10. Erinnere ich ihn an frühere Fehler?			
11. Reagiere ich verletzt und nachtragend?			
12. Kann ich meine Gefühle ausdrücken?			
13. Reden wir zusammen über Gott?			
14. Lesen wir gemeinsam in der Bibel?			
15. Beten wir zusammen?			
16. Ermutigen wir einander?			

Einheit 4
Kommunikation

Gott, unser Schöpfer, lebt selbst in Beziehung (Vater, Sohn und Heiliger Geist) und hat uns als sein Ebenbild mit dem Bedürfnis und der Fähigkeit zu kommunizieren geschaffen.

Was ist Kommunikation?

Damit eine andere Person mich verstehen kann, teile ich mich ihr mit – durch Worte, die ich sage, und die Art und Weise, wie ich mich verhalte. Außerdem nehme ich auf, was die andere Person mir über sich sagt, und vollziehe in Gedanken nach, was sie mir mitgeteilt hat. Gute Kommunikation bedeutet, die eigenen Gedanken und Gefühle klar auszudrücken und der anderen Person aufmerksam zuzuhören. Durch Kommunikation können wir einander Anteil geben an dem, was in uns vorgeht und uns bewegt.

Sich mitteilen – was ist dabei wichtig?

Es geht um mich selbst, um meine eigenen Gedanken, Gefühle, Bedürfnisse und Wünsche, um meine Erwartungen, um alles, was mir wichtig ist. Was mich innerlich beschäftigt, gilt es in Worte zu fassen. Dafür muss ich ehrlich zu mir selbst und zu meinem Gegenüber sein. Häufig teilen wir nur Oberflächliches mit oder drücken tiefe Gedanken nur ansatzweise und missverständlich aus. Folglich kann der andere uns nicht wirklich verstehen. Es geht darum, der anderen Person mein Inneres zu offenbaren.

Zuhören – was ist dabei wichtig?

Es geht um den anderen; um das, was er mir von sich mitteilt. Ich konzentriere mich auf ihn und höre ihm aufmerksam zu. Ich nehme an, was er von sich offenbart, selbst wenn ich anderer Meinung bin. Dadurch drücke ich ihm aus: „Du bist mir wertvoll!", „Ich will dich verstehen!", „Danke, dass du mir dies erzählst!" Ein guter Zuhörer unterbricht den anderen nicht mit seinen eigenen Gedanken, sondern schenkt ihm volle Aufmerksamkeit. Sein Ziel ist, ihn zu verstehen und ihn wissen zu lassen, dass er verstanden wird. Am besten gelingt dies, wenn er mit eigenen Worten zusammenfasst, was er verstanden hat. Dann weiß der andere, was angekommen ist, fühlt sich verstanden und ernst genommen.

Auf die Art und Weise kommt es an

Die Art und Weise der Kommunikation zeigt die Qualität unserer Beziehung.

Sprüche 15,4: „Ein freundliches Wort schenkt Freude am Leben, aber eine böse Zunge verletzt schwer."

Kommunikation kann eine Quelle der Freude in der Ehe sein. Positive Kommunikation gibt Hoffnung und ermöglicht Wachstum, weil sie einfühlsam, hilfreich, wohltuend und aufbauend ist. Negative Worte können den anderen tief verletzen, genau wie Unehrlichkeit, ausweichendes oder illoyales Verhalten, Falschheit oder Manipulation. Unbefriedigende Kommunikation ist ein Hauptgrund für das Scheitern von Ehen.

Kommunikation wird erlernt

Schon in den ersten Jahren unseres Lebens lernen wir von unseren Eltern zu kommunizieren. Wir lernen, ob und wie man Gefühle oder Wünsche mitteilt, wie man sich anderen gegenüber verhält, wie man mit Wut und Frust umgeht, und vieles mehr. Wir lernen, wie man einander zuhört und Wertschätzung ausdrückt. In der Ehe brauchen wir diese Fähigkeiten, und was wir nicht gelernt haben, wird sich als Mangel zeigen. Die gute Nachricht ist, dass wir immer dazulernen können. Die Verlobungszeit kann dafür ideal sein, weil die starke Zuneigung es leicht macht, Neues anzunehmen. Allerdings muss man erkennen, dass Veränderung nötig ist.

Haus der Kommunikation (nach Don Kirkby)

Die Kommunikation miteinander kann man mit dem Leben in einem Haus mit verschiedenen Stockwerken vergleichen.

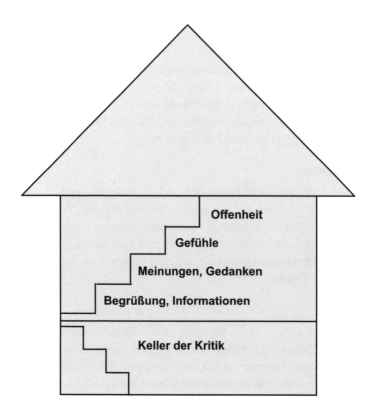

Keller der Kritik

„Nie kommst du pünktlich", „Immer gibst du so viel Geld aus": Destruktives Kritisieren und Nörgeln hat zerstörende Wirkung. Es ist wie das Hinuntersteigen in einen dunklen, kalten Keller. Wer unten ist, sollte aufpassen, denn je länger man sich dort aufhält, desto schwieriger ist es, zu einem positiven Miteinander zu finden. Für jedes negative Wort um Vergebung zu bitten und sich um Wiedergutmachung zu bemühen ist eine gute Gewohnheit. Es heißt, dass mindestens fünf positive Aussagen nötig sind, um eine einzige negative Bemerkung auszugleichen.

In Matthäus 7,3 sagt Jesus: „Was siehst du aber den Splitter in deines Bruders Auge und nimmst nicht wahr den Balken in deinem Auge? Richtet nicht, damit ihr nicht gerichtet werdet."

Begrüßung

„Hallo, mein Schatz, schön, dich wiederzusehen!": Eine Begegnung und ein Gespräch beginnt meist mit einer Begrüßung. Wir befinden uns auf der ersten Ebene. Ein positiver Satz bei der Begrüßung kann einer tieferen Kommunikation den Weg bereiten. Andererseits kann eine Begrüßung auch formal und nüchtern sein und Distanz ausdrücken, etwa ein flüchtiges „Hallo". Um einander wirklich zu begegnen, braucht es mehr!

Informationen

„Morgen kann ich nicht kommen", „Ich komme erst jetzt, weil der Bus Verspätung hatte", „Mein Tag war heute sehr anstrengend": Wir kommen uns ein Stück näher, wenn wir einander bestimmte Informationen mitteilen. Das Weitergeben von Informationen ist wichtig und hilft zum gegenseitigen Verstehen. Die Kommunikation bewegt sich aber immer noch auf einer ziemlich oberflächlichen Ebene.

Meinungen

„Das sehe ich anders, meine Meinung ist …": Zum Mitteilen seiner eigenen Gedanken und Meinungen bedarf es des gegenseitigen Vertrauens („Wird er mich ernst nehmen? Kann ich es riskieren, ihm mein Herz zu öffnen?"). Negative Erfahrungen in der Herkunftsfamilie können zum Hindernis werden („Was passiert, wenn mein Partner anderer Meinung ist? Wird unsere Beziehung einen Konflikt aushalten?"). Vielleicht haben sich andere früher über deine persönliche Meinung lustig gemacht und du hast dir angewöhnt, deine Meinung für dich zu behalten. Dies ist nicht nur für dich problematisch, sondern auch für eure Beziehung. Für eine Partnerschaft ist es wichtig, dass beide fähig sind, ihre Meinung zu sagen, und dass sie einander dazu ermutigen.

Gefühle

„Ich mache mir Sorgen über unsere Finanzen", „Ich fühle mich wirklich wertgeschätzt und bestätigt": Gefühle sind ein wichtiger Teil unserer Persönlichkeit. Wenn wir sie aus unserer Kommunikation ausklammern, finden wir nicht wirklich zueinander. Auch hier ist die Verlobungszeit eine gute Gelegenheit, eine hilfreiche Gewohnheit einzuüben. Es ist nicht immer einfach, in der Partnerschaft die eigenen Gefühle auszudrücken, weil wir unterschiedlich mit Gefühlen umgehen. Manche Eheleute haben es deshalb aufgegeben, über ihre Gefühle zu sprechen. Dadurch wird die Atmosphäre zwischen ihnen aber immer kälter und verschlossener. In jeder Situation erleben wir auch ein bestimmtes Gefühl, selbst wenn wir es nicht wahrnehmen. Das Mitteilen der Gefühle ist häufig der Schlüssel zum gegenseitigen Verstehen.

Offenheit und Ehrlichkeit

„Ich wünsche mir mehr Gespräch und Zeit, um über die Zukunft zu reden", „Ich schätze es sehr, mit dir über diese empfindlichen Dinge reden zu können": Es geht nicht darum, sich die Wahrheit um die Ohren zu schlagen, sondern auf liebevolle und feinfühlige Art einander die Seele zu öffnen. Damit machen wir uns verletzlich, aber gleichzeitig finden wir zu tiefer Intimität. Nicht jede Unterhaltung wird sich auf dieser Ebene bewegen, aber eine gesunde Ehe braucht immer wieder Gespräche dieser Qualität. Sie passieren nicht nebenbei, sondern erfordern Zeit, die man bewusst dafür investiert.

Als Ehepartner sollten wir uns gegenseitig vor allem ermutigen und dadurch einander helfen, die Persönlichkeit zu entfalten.

> **Gesprächsimpuls:**
> Wie schätzt ihr eure Kommunikation ein?
> Auf welcher Ebene bewegt ihr euch am häufigsten?

Hindernisse für gute Kommunikation:

- unkonzentriert und unaufmerksam reden oder zuhören
- mit anderen Dingen beschäftigt sein
- den Themen des Partners kein Interesse entgegenbringen
- sich abgelehnt fühlen
- schüchtern oder eingeschüchtert sein
- auf sich selbst bezogen sein
- die Meinung des anderen nicht stehen lassen
- unversöhnlich sein und an negativen Erinnerungen festhalten
- lieblos und anklagend reden
- negativ verallgemeinern

> **Gesprächsimpuls:**
> Fallen dir Kommunikationshindernisse in eurer Beziehung auf?

Tipps für euer Gespräch

- Gebt dem Gespräch mit dem Partner hohe Priorität!
- Achtet darauf, dass ihr beide zu Wort kommt!
- Unterbrecht einander nicht!
- Hört einander aktiv zu und bemüht euch, den Partner zu verstehen! Das Gehörte in eigenen Worten zusammenzufassen ist dabei hilfreich.
- Gewöhnt euch an, eure Gefühle auszudrücken und einander mitzuteilen!
- Sprecht in „Ich-Botschaften" und vermeidet, mit „Du-Aussagen" den anderen zu beschuldigen!
- Erlaubt euch selbst keinen Rückzug in Ärger oder Schweigen!
- Lasst nichts Trennendes zwischen euch unbearbeitet, wenn ihr auseinander geht!
- Macht euch klar, dass gemeinsames Anschauen von Filmen das tiefe Gespräch nicht ersetzt!
- Seid euch darüber im Klaren, dass das Austauschen von Zärtlichkeiten das tiefe Gespräch nicht ersetzen kann!
- Nehmt euch fest vor, in eurer Ehe jeden Tag eine bestimmte „Zeit zu zweit" für das tiefe Gespräch einzuplanen!

Vielleicht ist die Planung und Vorbereitung eurer Hochzeit euer erstes gemeinsames Projekt. Dann werdet ihr merken, wie wichtig und sensibel Kommunikation ist. Aber gerade dabei habt ihr die Chance, durch gute Kommunikation einander emotional noch näherzukommen. Es ist eine aufregende und anspruchsvolle „Reise" zu echter und tiefer Freundschaft.

Nacharbeit zu Einheit 4
Kommunikation

Sprüche 15,4 (Hfa): „Ein freundliches Wort schenkt Freude am Leben, aber eine böse Zunge verletzt schwer."

Fragen:

Welche guten Gewohnheiten im Bereich der Kommunikation möchtest du in eurer Beziehung einführen?

Hältst du es für nötig, deine Kommunikationsfähigkeit zu verbessern? Falls ja, welche konkreten Schritte könnten dabei hilfreich sein?

Vorbereitung auf Einheit 5
Konfliktbewältigung und Vergebung

Konflikte entstehen häufig wegen unserer Unterschiedlichkeit.

In welchen Punkten seid ihr offensichtlich unterschiedlich?
Welche Konflikte könnten daraus entstehen?

Wie verhältst du dich in Konfliktsituationen?

Kreuze an, was am ehesten auf dich zutrifft!

So verhalte ich mich im Konflikt:	selten	manchmal	regelmäßig	immer
1. Ich ziehe mich in mein „Schneckenhaus" zurück.				
2. Ich schmolle.				
3. Ich versuche meine Ansicht durchzusetzen.				
4. Ich werde rechthaberisch.				
5. Ich gehe mit Du-Aussagen zum Angriff über.				
6. Ich werde laut.				
7. Ich werde wütend.				
8. Ich verlasse den Raum.				
9. Ich versuche den anderen zu verstehen.				
10. Ich warte, bis mein Partner sich abreagiert hat.				
11. Ich versuche immer noch liebevoll zu sein.				
12. Ich suche nach einer Lösung.				

Wenn ihr fertig seid, tauscht euch darüber aus!

Einheit 5
Konfliktbewältigung und Vergebung

Konflikte bauen Mauern auf

In Konfliktsituationen können alle möglichen Gedanken und Gefühle in einem hochkommen, z. B.:

- „Irgendetwas stimmt nicht!"
- „So sollte es in unserer Beziehung nicht sein."
- „Stimmt etwas mit mir nicht? Das kann doch nicht sein."
- „Hat nicht der andere die meiste Schuld?"
- „Diese Situation ist unfair und macht mich wütend!"
- „Der andere ist unfair und macht mich wütend!"
- „Warum verhält der andere sich so?"
- „Warum versteht er/sie mich nicht?"

Ungelöste Konflikte können dazu führen, dass wir zwischen uns Mauern aufbauen. Aber wenn wir Konflikte richtig bearbeiten, können sie zum positiven Aufbau unserer Beziehung beitragen.

Unterschiede bereichern

Ihr seid unterschiedlich und einzigartig. Eure Unterschiede machen eure Beziehung lebendig und spannend. Zum Beispiel ist ein Partner häufig eher beziehungsorientiert, der andere eher aufgabenorientiert; einer geht die Dinge logisch an, der andere intuitiv. Dazu kommen noch die unterschiedlichen Prägungen durch unseren Familienhintergrund. Die Unterschiedlichkeit ist ein Grund, weshalb ihr euch interessant und anziehend findet. Gleichzeitig kann sie jedoch auch der Ausgangspunkt von Konflikten sein. Wenn ihr einander annehmt, wie ihr seid, habt ihr gute Chancen, eure Unterschiedlichkeit für euch arbeiten zu lassen. Entdeckt eure Stärken und Begabungen und findet heraus, wie ihr sie einsetzen könnt, sodass ihr einander ergänzt.

> **Gesprächsimpuls:**
> Welche Unterschiede haben euch zueinander hingezogen? An welchen Punkten erlebt ihr eure Unterschiedlichkeit als Herausforderung? Wie könnt ihr euch ergänzen?

Zorn und Wut

Häufig erleben wir in Konfliktsituationen Ärger und Wut. Zorn kann uns regelrecht überfallen, wenn wir etwas als unfair empfinden oder uns missverstanden fühlen. Wie Zahnschmerzen fordert dieses Gefühl unsere Aufmerksamkeit: „Hier ist etwas faul! Kümmere dich darum!" Wie können wir konstruktiv mit Ärger umgehen?

Ärger verfliegt, wenn der andere wirklich versteht, was mich aufgebracht hat. Er kann es aber nur verstehen, wenn ich ihm sage, was in mir vorgeht. Der Schlüssel ist also das ehrliche und respektvolle Gespräch. Häufig stoßen wir dabei auf Missverständnisse, die geklärt werden müssen. Oft ist es nötig, den eigenen Standpunkt für eine Weile auf die Seite zu legen und die Sache vom Blickwinkel des anderen anzuschauen. Wenn beide Partner dies tun, werden sie sich selbst und den anderen verstehen können. Ist der Konflikt entstanden, weil eine Entscheidung ansteht, die beide unterschiedlich sehen, dann ist es nicht mehr allzu schwer, eine für beide annehmbare Lösung zu finden.

Epheser 4,26 (Hfa): „Wenn ihr zornig seid, dann ladet nicht Schuld auf euch, indem ihr unversöhnlich bleibt. Lasst die Sonne nicht untergehen, ohne dass ihr einander vergeben habt."

Faires Streiten

Konflikte müssen bearbeitet werden. Um emotionale Verletzungen zu vermeiden, kann man sich auf folgende Regeln einigen:

- Wir lassen einander ausreden und unterbrechen nicht.
- Wir verzichten auf Schimpfwörter.
- Wir laufen nicht weg. Aber wir können uns auf eine Abkühlungsphase einigen.
- Wir reden über jeden Konflikt und bearbeiten ihn noch am selben Tag.
- Wir entschuldigen uns auch für sogenannte Kleinigkeiten.
- Wenn wir ein heikles Thema besprechen, reden wir in der Ich-Form von den eigenen Empfindungen.

- Wir bleiben beim aktuellen Thema und holen nicht alte Dinge wieder hoch.
- Wir verzichten auf Verallgemeinerungen („Immer sagst du ...", „Nie machst du ...").
- Wir geben uns Mühe, die Gedanken und Gefühle des anderen nachzuvollziehen und zu verstehen.
- Wir bemühen uns, die eigenen Gedanken und Gefühle klar auszudrücken, sodass der Partner die Chance hat, sie nachzuvollziehen und zu verstehen.
- Unser Ziel ist, eine Lösung zu finden, mit der wir beide leben können und bei der es keinen Verlierer gibt.
- Haben wir den anderen verletzt, bitten wir ihn um Vergebung.

> **Gesprächsimpuls:**
> Schaut euch eure Vorbereitung auf diese Einheit an. Was erscheint euch hilfreich und was möchtet ihr in Konfliktsituationen ausprobieren?

Einander annehmen

Römer 15,7 (NL): „Nehmt einander an, wie Christus euch angenommen hat, denn dadurch wird Gott geehrt."

Annahme bedeutet: „Ich liebe dich so, wie du bist, und will nicht versuchen, dich zu verändern." Eine grundsätzliche Bereitschaft zur Veränderung und zum persönlichen Wachstum sollte allerdings jeder haben.

Denkt daran, Ehebund bedeutet Geben und nicht Fordern! Ich gebe meine Selbstbezogenheit auf und bitte Jesus, mir zu helfen, nach dem Besten meines Partners zu suchen.

Vergebung

Weil wir nicht im Paradies, sondern in einer gefallenen Welt leben und weil wir begrenzt sind, werden wir einander Verletzungen zufügen, selbst wenn wir es nicht wollen. Vergebung ist das unverzichtbare Reparaturset für Beziehungsschäden. Sie ist Teil eines gesunden Lebensstils, kein zusätzlicher Luxus. Ohne Vergebung wird die emotionale Nähe zwischen den Partnern nicht von Dauer sein.

Vergebung ist wie eine Münze mit zwei Seiten

Für meine Schuld um Vergebung zu bitten ist die eine Seite. Ich muss bereit sein, für meinen Teil der Schuld Verantwortung zu übernehmen, und mich nicht in Ausreden flüchten. Ich bitte den anderen um Vergebung, selbst wenn mein Anteil vergleichsweise geringer erscheint.

Vergebung zu gewähren ist die zweite Seite. Gott liebt uns bedingungslos. Er ist unser Vorbild. So wie Gott uns unsere Schuld vergibt, erwartet er von uns, dass wir einander vergeben. Deshalb knüpfe ich meine Vergebung nicht an Bedingungen („Ich vergebe dir, wenn du …"), sondern ich entscheide mich, immer zu vergeben.

Matthäus 6,12–15 (Hfa): „Vergib uns unsere Schuld, wie wir denen vergeben, die uns Unrecht getan haben. … Euer Vater im Himmel wird euch vergeben, wenn ihr den Menschen vergebt, die euch Unrecht getan haben. Wenn ihr ihnen aber nicht vergeben wollt, dann wird euch Gott eure Schuld auch nicht vergeben."

1. Johannes 1,9 (Hfa): „Wenn wir aber unsere Sünden bekennen, dann erfüllt Gott seine Zusage treu und gerecht: Er wird unsere Sünden vergeben und uns von allem Bösen reinigen."

Epheser 4,32 (Hfa): „Seid vielmehr freundlich und barmherzig und vergebt einander, so wie Gott euch durch Jesus Christus vergeben hat."

Vergebung ist eine Entscheidung, die wir mit unserem Willen treffen, unabhängig davon, ob wir uns danach fühlen oder nicht. Manchmal ist es nicht ganz einfach, Negatives loszulassen und Groll aufzugeben, vor allem dann nicht, wenn sich Dinge wiederholen. Aber wenn ich Groll zulasse, wird Bitterkeit und Hass einkehren. Ohne Vergebung wird eine trennende Mauer zwischen uns aufgebaut. Auch in einer Beziehung braucht es eine gewisse Hygiene, damit sich der Müll nicht ansammelt und die Liebe erstickt. Deswegen ist es wichtig, über die Dinge zu sprechen und Negatives zu entsorgen.

Übrigens, einer Person zu vergeben muss nicht bedeuten, ihr gleich wieder zu vertrauen. Vertrauen ist zerbrechlich und lässt sich nicht mit einer Willensentscheidung aufbauen. Wenn Vertrauen zerbrochen wurde, muss es langsam wieder wachsen. Vertrauen wächst, wenn die Person, die es zerbrochen hat, ihre Vertrauenswürdigkeit unter Beweis stellt.

Gesprächsimpuls:
Welche Erfahrungen habt ihr schon mit Vergebung gemacht?
Wie wollt ihr vorgehen, wenn einer vom anderen verletzt wird?

Nacharbeit zu Einheit 5
Konfliktbewältigung und Vergebung

Umgang mit Wut und Zorn

Um einen Streit zu bearbeiten, müssen wir der Ursache unseres Ärgers auf den Grund gehen und sie dem anderen erklären.

Erinnere dich an eine Situation in eurer Beziehung, in der du dich über deinen Partner geärgert hast.

Versuche dich zu erinnern, welche Gedanken und Gefühle dich bestürmten und beschäftigten.

Tauscht eure Erinnerungen aus und überlegt euch eine Strategie, wie ihr in Zukunft mit Konfliktsituationen umgehen möchtet.

Vorbereitung auf Einheit 6
Sexuelle Intimität

Lest folgende Bibelstellen und denkt über eure Haltung zum Thema Sexualität in der Ehe nach.

1. Mose 1,28
1. Mose 2,25
2. Mose 22,15
5. Mose 7,13
5. Mose 22,20–21
Psalm 127,3
Hohelied 1,2
Maleachi 2,15
1. Korinther 7,2–5
Galater 5,19–21
1. Thessalonicher 4,3–5
Hebräer 13,4

Einheit 6
Sexuelle Intimität

Sexualität ist eine wunderbare Gabe unseres Schöpfers für die Ehe. Sie ist der höchste Ausdruck der Intimität zwischen Ehemann und Ehefrau, mit der sie ihren Ehebund besiegeln.

Sexualität ist nonverbale Kommunikation

Wir kommunizieren nicht nur mit Worten (verbal), sondern auch mit unserem Körper (nonverbal). Mit Küssen und Zärtlichkeiten zeigen wir dem Partner unsere Zuneigung. Der sexuelle Akt ist der höchste Ausdruck der Offenheit und Hingabe. Die Partner sagen einander mit ihrem Körper: „Ich brauche mich vor dir in keiner Weise zu schützen; ich kann dir vertrauen." „Ich gebe mich dir ganz – ohne Vorbehalte." Wenn diese „Aussage" der Wahrheit entspricht, ist diese Form der Kommunikation eine sehr erfüllende Erfahrung. Ist die Grundlage dafür nicht gegeben, kann sie tief verletzen. Der verlässliche Ehebund gibt den sicheren Rahmen, in dem ein Paar dieses Maß an Hingabe leben kann. Dies wird an vielen Stellen der Bibel deutlich.

Im Vergleich zur verbalen Kommunikation ist die Körpersprache plakativ und laut („Ich liebe dich!"). Damit solche Aussagen sich auf Dauer nicht zu Worthülsen abnutzen, müssen sie verbal mit Bedeutung gefüllt werden, z. B. „Ich liebe dich, weil du einfühlsam und taktvoll bist" oder „Ich kann dir vertrauen, weil ich deine Einstellung zum Thema Geld schätze und teile."

In der Phase des Kennenlernens wird das Fundament gelegt, und dafür sind gründliche, ernsthafte Gespräche unverzichtbar. Paare, die schnell Zärtlichkeiten austauschen, haben nach kurzer Zeit ein starkes Gefühl der Zusammengehörigkeit und erleben dadurch wunderbare Glücksgefühle, die sie sehr genießen. Allerdings besteht die Gefahr, dass das Gespräch auf der Strecke bleibt. Man hat sich scheinbar „alles gesagt" und will die emotionale Nähe nicht durch konflikthaltige Gespräche aufs Spiel setzen. Später können dann große Probleme auftreten, weil wichtige Lebensbereiche nicht besprochen wurden.

Intimität

Für erfüllte Sexualität ist Intimität grundlegend. Intimität bedeutet:

- einander emotional nahe sein
- in Offenheit einander die tiefsten Gedanken und Gefühle mitteilen
- einander verstehen
- sich aufeinander verlassen
- einander Wärme und Liebe geben
- in Freundschaft miteinander „durch dick und dünn gehen"
- das ganze Leben teilen

Sexuelle Intimität ist der Ausdruck einer völligen Einheit von Seele, Geist und Körper. Gott möchte, dass der lebenslange Bund der Ehe der sichere Rahmen ist, in dem wir uns einander völlig öffnen und hingeben können.

Sexualität ist zur Erfüllung und Freude gegeben

Gott gab uns Emotionen. Wir können uns freuen, trauern etc. Wie schrecklich wäre ein Leben ohne Lachen? Wie das Lachen zum Leben, so gehört die Sexualität zur Ehe. Gott möchte, dass wir den Körper des anderen genießen und schätzen. Er hat uns die Fähigkeit gegeben, Liebe auf so intime Weise auszudrücken, dass wir sie in den Tiefen unseres Seins erfahren. Er hat sich die geschlechtliche Liebe ausgedacht, mit der ein Paar seinen Bund ein Leben lang feiern kann. Die Bibel beschreibt sie im Hohelied der Liebe poetisch. Lies einmal das 7. Kapitel des Hoheliedes!

Hohelied 1,2 (Hfa): „Komm und küss mich, küss mich immer wieder! Ich genieße deine Liebe mehr als den besten Wein."

Sprüche 5,18–23 (Hfa): „Erfreue dich an deiner Frau, die du als junger Mann geheiratet hast. Bewundere ihre Schönheit und Anmut! Berausche dich immer wieder an ihren Brüsten und an der Liebe, die sie dir schenkt! Mein Sohn, willst du dich wirklich mit einer anderen vergnügen und mit einer fremden Frau schlafen? Der Herr sieht genau, was du tust; nichts bleibt ihm verborgen. Wer Gottes Gebote missachtet, dreht sich selbst einen Strick und ist gefangen in seiner Schuld. Wer sich nicht beherrschen kann, schaufelt sich sein eigenes Grab."

Sexuelle Bedürfnisse

Gott möchte, dass wir in der Ehe die sexuellen Bedürfnisse des Partners kennen und erfüllen. Das sexuelle Erleben von Mann und Frau ist unterschiedlich. Deshalb ist es wichtig, einander kennenzulernen und sensibel füreinander zu sein. Das Gespräch ist auch in diesem Bereich absolut wichtig. Auch ein gutes Buch kann sehr hilfreich sein.

Sexualität ist uns gegeben, damit wir den Partner beschenken können. Liebe sorgt für den Partner und schenkt ihm Vergnügen. Egoismus dagegen sucht das eigene Vergnügen – notfalls auf Kosten des anderen. Ein Ehemann hat das Privileg und die Möglichkeit, so für seine Frau zu sorgen, dass sie glücklich und emotional „gesättigt" ist. Eine Ehefrau hat das Privileg und die Möglichkeit, dafür zu sorgen, dass ihr Mann nicht „hungrig" ist, wenn er mit unzähligen zerstörerischen Verlockungen konfrontiert wird. Eheleute sind aufeinander angewiesen; im Bereich der Sexualität wird dies besonders deutlich. Im 1. Korintherbrief wird den Verheirateten gesagt, dass sie für die sexuelle Erfüllung ihres Ehepartners zuständig sind. Wenn der sexuelle Aspekt über längere Zeit vernachlässigt wird, leidet die Ehe und kommt in Gefahr.

1. Korinther 7,2–5 (Hfa): „Aber damit niemand zu einem sexuell zügellosen Leben verleitet wird, ist es besser, wenn jeder Mann seine Frau und jede Frau ihren Mann hat. Der Mann soll seine Frau nicht vernachlässigen, und die Frau soll sich ihrem Mann nicht entziehen, denn weder die Frau noch der Mann dürfen eigenmächtig über ihren Körper verfügen; sie gehören einander. Keiner soll sich dem Ehepartner verweigern, es sei denn, beide sind eine Zeitlang bereit, auf den ehelichen Verkehr zu verzichten, weil sie für das Gebet frei sein wollen. Danach kommt wieder zusammen, damit euch der Satan nicht in Versuchung führen kann, weil ihr euch nicht enthalten könnt."

Gesprächsimpuls:
Wie wurde in deiner Herkunftsfamilie über Sexualität gedacht und gesprochen? Welche positiven Vorbilder kennst du?

Sexualität schafft neues Leben

1. Mose 1,28: „Gott segnete sie und sprach zu ihnen: Seid fruchtbar und mehrt euch und füllt die Erde und macht sie euch untertan!"

5. Mose 7,13: „Er wird dich lieben und segnen und mehren, und er wird segnen die Frucht deines Leibes."

Psalm 127,3: „Kinder sind ein Gabe des Herrn und Leibesfrucht ist ein Geschenk."

Mit der Fähigkeit, Kinder zu zeugen und zu gebären, beteiligt uns Gott an der Schöpfung und Weitergabe des Lebens. Es ist ein Privileg, Kinder zu bekommen, sie zu erziehen und ihnen ein gutes Erbe mitzugeben. So wird Gottes Segen von Generation zu Generation weitergegeben. Ein Ehepaar sollte eine grundsätzlich positive Haltung gegenüber Kindern haben, sodass ein Baby auf jeden Fall willkommen ist, selbst wenn es sich unerwartet anmelden sollte.

> **Gesprächsimpuls:**
> Tauscht eure Vorstellungen zur Familienplanung aus.
> Wie denkt ihr über Empfängnisregelung?

Bis zur Ehe mit dem Sex warten

Die Ehe ist ein unwiderruflicher und öffentlich bezeugter Bund. Geschlechtsverkehr besiegelt diese Endgültigkeit und bindet ein Paar aneinander. Wenn ein Paar vor der Hochzeit miteinander schläft, wird die Beziehung davon dominiert und das freundschaftliche Einanderkennenlernen und Prüfen ist kaum noch möglich. Die beiden kommen nicht mehr voneinander los, selbst wenn sie es möchten. Es gibt keine Ehe auf Probe. Warten zu können ist wichtig! Wer Selbstbeherrschung übt, reift in seinem Charakter.

Auch in der Ehe wird es Situationen geben, in denen es wichtig ist, verzichten zu können, z. B. aus Rücksicht bei Krankheit, Schwangerschaft, oder weil ein Partner dienstlich unterwegs ist. Ein Paar, das sich für das Warten entscheidet, baut ein tragfähiges Fundament des Vertrauens. Sie beide können sich darauf verlassen, dass der Partner auch dann treu sein wird, wenn er eine Weile auf Sex verzichten muss. Er hat seine Liebe und Wertschätzung unter Beweis gestellt. Wir sollen über unsere sexuellen Bedürfnisse herrschen und uns nicht von ihnen beherrschen lassen.

Hiob 31,1 (Hfa): „Mit meinen Augen habe ich einen Bund geschlossen, niemals ein Mädchen lüstern anzusehen."

„Den Fuß vom Gaspedal nehmen"

Sexuelle Leidenschaft zwischen zwei Liebenden kann sehr stark sein. Um bis zur Ehe warten zu können, braucht es die Entschlossenheit beider Partner und Gottes Hilfe. Auch in diesem Bereich können wir mit seiner liebevollen Leitung rechnen, wenn wir sie wirklich wollen.

Kennst du die Aktion: „Wahre Liebe wartet"?

Psalm 32,8–9: „Ich will dich unterweisen und dir den Weg zeigen, den du gehen sollst; ich will dich mit meinen Augen leiten. Seid nicht wie Rosse und Maultiere, die ohne Verstand sind, denen man Zaum und Gebiss anlegen muss; sie werden sonst nicht zu dir kommen."

In der Fahrschule lernt man den Bremsweg eines Fahrzeugs zu berechnen. Auch in einer Beziehung ist es wichtig zu wissen, wann es Zeit ist, „auf die Bremse zu treten". Wenn man weiß, dass Männer vor allem visuell stimuliert werden und Frauen eher auf emotionale Zuwendung und zärtliche Berührung reagieren, kann man kritische Situationen vermeiden. Hilfreich ist sicher auch, wenn die Verlobungszeit nicht unrealistisch lange dauert und wenn das Paar sie aktiv gestaltet, z. B. anhand eines gemeinsam vereinbarten „Fahrplans".

Vorschlag für eine Vereinbarung

Für die Zeit bis zu unserer Hochzeit vereinbaren wir:
- Wir konzentrieren uns auf die freundschaftliche Beziehung zueinander und besprechen gründlich, was für unsere Zukunft wichtig ist.
- Wir pflegen unsere persönliche Beziehung zu Gott und beten zusammen.
- Wir vernachlässigen unsere bisherigen Freunde und Verpflichtungen nicht.
- Wir pflegen die Beziehung zu unseren Eltern und zukünftigen Schwiegereltern.
- Wir sind vorsichtig mit Zärtlichkeiten und küssen uns nicht intensiv.
- Wir ziehen uns nicht voreinander aus.
- Wir berühren einander nicht an intimen Stellen.
- Wir sind nicht längere Zeit zusammen alleine in einer Wohnung oder in einem Zimmer, vor allem nicht spät abends, wenn wir müde sind oder wenn wir Alkohol genossen haben.
- Wir bitten den Herrn, uns zu leiten und zu korrigieren.
- Wir erlauben einander, uns gegenseitig an diese Vereinbarung zu erinnern.

Unterschrift: .... Datum: ....

Neuanfang ist möglich

Wenn ihr schon zu weit gegangen seid, sollt ihr wissen, dass Gott jederzeit bereit ist zu vergeben, wenn wir unsere Sünde bekennen. Er wird euch auch helfen, eure Beziehung zu ordnen. Betet miteinander und überlegt, wo ihr euch hilfreiche Grenzen setzen solltet. Dies mit einem Mentoren-Paar zu besprechen, kann eine große Hilfe sein. Ihm solltet ihr die Erlaubnis geben, nachzufragen, wie es euch geht.

Häufig kommt zusätzlicher Druck in die Beziehung, wenn einer der Partner in einer sexuellen Bindung hängt. Sexuelle Erfahrungen in früheren Beziehungen oder Porno-Konsum prägen unrealistische und ungesunde Vorstellungen, die nicht leicht abzuschütteln sind. Gerade für den sexuellen Bereich sind aber gute Startbedingungen ein unbezahlbares Plus. Um die zukünftige Ehe nicht mit negativen und sündhaften früheren Erfahrungen zu belasten, solltet ihr keine Mühe scheuen und wo nötig Altes aufarbeiten. Eine praktische Hilfe dazu kann die „Anleitung zur Vergebung sexueller Sünden und Heilung der Folgen" im Anhang sein.

Nacharbeit zu Einheit 6
Sexuelle Intimität

Formuliert eine eigene gemeinsame Vereinbarung für die Zeit bis zur Hochzeit.

Vorbereitung auf Einheit 7
Einswerden ist ein Prozess

Erstellt ein Budget für euer erstes Ehejahr. Seid euch bewusst, dass ihr in der Ehe nicht nur das Bett, sondern auch das Geld teilt. Hier sind einige Vorschläge, was zu beachten ist.

1. Erfasst eure regelmäßigen Einnahmen.

2. Erstellt eine Liste der zu erwartenden Ausgaben (Zehnter – Miete inklusive Nebenkosten – Telefon, Internet – Versicherungen – Lebensmittel und Dinge des täglichen Bedarfs – Anschaffungen – Kleidung – Transport – Hobby und Freizeit – Urlaub – Taschengeld – Geschenke – Ersparnisse und Investitionen – Bildung – Sonstiges)

3. Ordnet eure Ausgaben den Kategorien „Verpflichtungen" (z. B. Miete), „Notwendiges" (z. B. Lebensmittel) und „Wünschenswertes" (z. B. Urlaub) zu.

4. Teilt euer verfügbares Einkommen auf die einzelnen Posten auf. Während bei „Verpflichtungen" kein Spielraum vorhanden ist, können die Ausgaben unter „Notwendiges" und „Wünschenswertes" variabel gestaltet werden.

Einheit 7
Einswerden ist ein Prozess

1. Mose 2,24 (Hfa): „Darum verlässt ein Mann seine Eltern und verbindet sich so eng mit seiner Frau, dass die beiden eins sind mit Leib und Seele."

Als Ehepaar „eins" zu werden ist nicht ein automatisches Ergebnis der Hochzeitszeremonie. Auch die einzigartige Erfahrung der sexuellen Intimität bringt uns nicht automatisch zu einer erfüllten Ehe. „Eins" zu werden ist ein Wachstumsprozess, der viele Aspekte umfasst. Im Laufe des Lebens öffnen sich immer neue Felder, in denen es gilt zusammenzuwachsen.

Ihr bringt beide eure bisherige Lebenserfahrung mit. In Zukunft werdet ihr gemeinsame Entscheidungen treffen. Damit ihr mit diesen Entscheidungen glücklich werden könnt, müsst ihr euch ganz in diesen Prozess einbringen und euch aufeinander einstellen.

Eine anspruchsvolle Aufgabe!

Bereiche, in denen Einheit wachsen muss:
- Ehe-Identität
- gemeinsame Werte
- Entscheidungsfindung
- Aufgabenteilung (Verantwortung als Eltern, Mann und Frau)
- Verwaltung der Finanzen
- gemeinsame Zukunftsvorstellungen, Ziele

Ehe-Identität

Philipper 2,3–5 (NL): „Seid nicht selbstsüchtig; strebt nicht danach, einen guten Eindruck auf andere zu machen, sondern seid bescheiden und achtet die anderen höher als euch selbst. Denkt nicht nur an eure eigenen Angelegenheiten, sondern interessiert euch auch für die anderen und für das, was sie tun. Geht so miteinander um, wie Christus es euch vorgelebt hat."

Das Eheleben erfordert ein Umdenken vom „Ich" zum „Wir". Es geht nicht mehr nur um mich und um meine Ansichten. Es geht um uns – um unsere Familie und deren Zukunft. Jetzt heißt es „unser Geld, unser Auto, unsere Wohnung" statt „mein Geld, mein Auto, meine Wohnung". Ich liebe und achte meinen Ehepartner und will das Beste für ihn. Deshalb versuche ich auch seinen Bedürfnissen und Wünschen Rechnung zu tragen.

Gemeinsame Werte

Unsere praktische Lebensgestaltung wird von unseren Wertvorstellungen geprägt. Sie sind der Maßstab, nach dem wir die Dinge beurteilen, z. B.: Was ist gut, was schlecht? Was will ich erreichen? Was will ich unter allen Umständen vermeiden? Was ist verhandelbar, was nicht? Jeder hat Wertvorstellungen, ob sie ihm bewusst sind oder nicht. Um gemeinsam handeln und unsere Zukunft gestalten zu können, brauchen wir Werte, an denen wir uns gemeinsam orientieren. Ihr habt wahrscheinlich schon festgestellt, dass ihr in vielem ähnlich denkt, sonst würdet ihr nicht heiraten wollen. Allerdings sind viele Wertvorstellungen mehr im Unterbewussten und sie erscheinen uns als selbstverständlich, sodass man darüber nicht redet. Häufig geschieht dies erst, wenn sich im Ehealltag plötzlich ein Konflikt nicht mehr vermeiden lässt. Wir können uns aber manche schweren Probleme ersparen, wenn wir an diesem Punkt im Vorfeld sorgfältig arbeiten.

Gesprächsimpuls:
Was ist dir für deine Lebensgestaltung grundsätzlich wichtig (z. B. Nächstenliebe, Erfolg, Verantwortungsbewusstsein, Rücksicht, Toleranz, Fleiß, Spaß, Ansehen, Dankbarkeit, Engagement in der Gemeinde, Mission …)?

Am besten überdenkt jeder die Frage zunächst für sich persönlich und macht Notizen. Dann tauscht ihr eure Überlegungen aus. Anschließend definiert ihr, welche gemeinsamen Werte für eure zukünftige Ehe und Familie grundlegend sein sollen, und haltet das schriftlich fest.

Entscheidungsfindung

In der Vergangenheit hast du deine eigenen Entscheidungen getroffen. Jetzt werden viele Entscheidungen gemeinsam zu treffen sein, z. B.: Was kaufen wir? Welche Wohnung mieten wir? Welches Jobangebot ist das beste? Wann wollen wir Kinder haben?

Dafür braucht es gute Gespräche, in denen die persönlichen Ansichten beider Partner formuliert und bedacht werden. Das Ziel ist, zu einer gemeinsamen Entscheidung zu finden, hinter der beide voll stehen können. Manchmal ist dieses Ziel nicht sofort erreichbar. Vielleicht sind noch Faktoren offen, die erst abgeklärt werden müssen, häufig braucht es einen Kompromiss, mit dem beide leben können, und manchmal wird einer seine Wünsche zurückstellen, weil ihm die Anliegen des Partners in dieser Angelegenheit wichtiger oder dringlicher scheinen. In jedem Fall können wir unseren Herrn und Vater um Hilfe und Weisheit bitten, und manchmal ergeben sich dann überraschende Lösungen.

> **Gesprächsimpuls:**
> Welche Entscheidungen liegen an, die gemeinsam zu treffen sind? Formuliert alle Gedanken, Wünsche und Anliegen, die damit zusammenhängen, und tauscht sie aus. Versucht nachzuvollziehen und zu verstehen, was dem anderen wichtig ist (zusammenfassen hilft!). Wenn alles auf dem Tisch liegt, kommt zu einer gemeinsamen Entscheidung, die möglichst alle Anliegen berücksichtigt.

Aufgabenteilung

In vielen Gesellschaften ist die Rollenverteilung von Mann und Frau in der Ehe vorgegeben. In der westlich geprägten Gesellschaft wird erwartet, dass jedes Paar für sich selbst definiert, wer welche Verantwortung wann übernimmt. Dies eröffnet einerseits eine Vielzahl an Möglichkeiten, erfordert aber eine Menge gedanklicher Arbeit. Viele Faktoren müssen bedacht werden, vor allem im Blick auf Berufe, Wahl des Wohnorts, soziales Umfeld, Kinder bzw. Kinderwunsch oder Verpflichtungen gegenüber älter werdenden Eltern usw.

Gott hat uns als Mann und Frau unterschiedlich geschaffen. Daraus ergeben sich auch unterschiedliche Aufgaben, vor allem bezüglich der Mutter- und Vaterschaft. Außerdem bringt jeder seine Vorstellungen mit. Meist sind sie uns nur zum Teil bewusst. Wir haben vielleicht das Vorbild der Ehe unserer

Eltern übernommen, vielleicht aber auch ihr Modell abgelehnt oder Ideen anderer verinnerlicht. Und was passiert, wenn die Modellvorstellungen der Partner sehr unterschiedlich sind?

Verantwortung als Eltern

Besonders wichtig ist das Thema Kinder. Die ersten Lebensjahre sind für ein stabiles Lebensfundament grundlegend. Wie wollt ihr dieser Verantwortung gerecht werden?

Es zahlt sich aus, wenn sich ein Paar mit all diesen Fragen gründlich auseinandersetzt und alle Ideen, Wünsche, Notwendigkeiten und Möglichkeiten ehrlich bespricht. Dann können die Partner eine Perspektive entwickeln, mit der sie mutig die Familiengründung angehen können. Im Laufe der Zeit verändern sich die Gegebenheiten. Es gibt verschiedene Familienphasen – wenn Kinder geboren werden, zur Schule kommen oder schließlich die Familie verlassen. Jede größere Veränderung bringt Verpflichtungen und Möglichkeiten mit sich, die unter Umständen eine Veränderung in der Aufgabenteilung nötig machen. Auch gesundheitliche Veränderungen oder Verlust des Arbeitsplatzes können Anpassungen nötig machen. Ein Paar, das sich am Beginn des gemeinsamen Weges Mühe gemacht hat, die Begabungen und Vorstellungen beider zu verstehen, wird auf Herausforderungen flexibel und kreativ reagieren können.

Das Miteinander von Mann und Frau in der Bibel

Die Bibel macht keine eindeutigen Aussagen zur Rollen- oder Aufgabenverteilung. Aber sie gibt klare Orientierung, wie unsere Einstellung zueinander sein soll:

Epheser 5,21–25: „Ordnet euch einander unter in der Furcht Christi. Ihr Frauen, ordnet euch euren Männern unter wie dem Herrn, denn der Mann ist das Haupt der Frau, wie auch Christus das Haupt der Gemeinde ist, die er als seinen Leib erlöst hat ... Ihr Männer, liebt eure Frauen, wie auch Christus die Gemeinde geliebt hat und hat sich für sie selbst dahingegeben ... "

Paulus erhebt die gegenseitige Unterordnung zur Maxime. „Sich dem anderen unterordnen" beschreibt eine innere Haltung, die den Partner achtet und liebt. Der Apostel weist die Frauen an, ihre Männer genau so zu ehren, wie sie Christus ehren; und er weist die Männer an, ihre Frauen genau so zu lieben, wie Christus die geliebt hat, die zu ihm gehören. Jesus hat nicht autoritär über sie geherrscht, sondern ihnen bis zum Äußersten gedient. Als seine Jünger ihn fragen, wer der Größte sei, antwortet Jesus:

> *Lukas 22,24–27: „Die Könige herrschen über die Völker und die Machthaber lassen sich Wohltäter nennen. Ihr aber nicht so! Sondern der Größte unter euch soll sein wie der Kleinste; und der Vornehmste wie ein Diener. ... Ich aber bin unter euch wie ein Diener." (Siehe auch Johannes 13,13–15.)*

Wenn wir eine dienende Haltung haben, verschwinden Rivalität, Angst und Dominanz. Was wir tun, tun wir aus Liebe zum Partner.

Gesprächsimpuls:
Wie haben eure Eltern ihre Aufgaben geteilt? Welche anderen Vorbilder haben euch geprägt? Tauscht eure Vorstellungen hinsichtlich der Aufgabenteilung in eurer Ehe aus.

Mit den finanziellen Mitteln haushalten

1. Timotheus 6,10 (NL): „Die Liebe zum Geld ist die Wurzel aller möglichen Übel."

Es geht um unsere Haltung zum Besitz. In der Ehe darf Geld weder als Mittel dienen, um den anderen zu kontrollieren, noch können wir es nach persönlichem Belieben ausgeben. Verheiratet zu sein bedeutet: „Was mein ist, ist auch dein!" Dazu gehört, dass wir füreinander sorgen, uns voreinander verantworten und unseren Besitz in gegenseitiger Übereinstimmung verwalten.

Ein sehr unterschiedliches Verständnis vom Umgang mit Finanzen kann eine große Belastung für eine Ehe sein oder gar zu deren Scheitern führen. Von daher ist es wichtig, dass sich ein Paar vor der Hochzeit gründlich mit diesem Thema auseinandersetzt und zu einer gemeinsamen Vorgehensweise findet.

Als Single konntet ihr vielleicht noch ohne Budgetplanung leben, aber die Verpflichtungen einer Familie werden zunehmend umfangreicher, sodass ein System nötig wird, das hilft, den Überblick zu behalten. Eine Budgetplanung gibt Sicherheit, weil sie aufzeigt, was an Einnahmen und Ausgaben zu erwarten ist. Für Anschaffungen wird geplant gespart, sodass wir nicht durch Zins- und Tilgungsforderungen unter Druck geraten. Das Geld soll nicht uns kontrollieren, sondern wir behalten die Kontrolle über unser Budget. Bemüht euch darum, den Budgetrahmen einzuhalten. Aber macht euer Budget nicht zum Gesetz, sondern überarbeitet, was sich als nicht realistisch herausstellt, und passt es veränderten Gegebenheiten an.

> **Gesprächsimpuls:**
> Wie erging es euch mit der Erstellung eures Budgets in der Vorbereitung zu dieser Einheit? Wo braucht ihr Hilfe?

Das Wichtigste auf einen Blick
- Erstellt ein realistisches Budget.
- Schöpft eure Ressourcen aus.
- Entzieht euch dem Druck, einen bestimmten Lebensstandard aufweisen zu müssen.
- Besprecht und einigt euch, ob bzw. in welcher Weise ihr Kreditkarten verwenden wollt.
- Tätigt größere Ausgaben nur in Übereinstimmung (z. B. ab fünfzig Euro).
- Macht regelmäßiges Geben zur Gewohnheit (Zehnter, Spenden für Menschen in Not, für Projekte im Reich Gottes).

2. Korinther 9,6–7: „Wer da kärglich sät, der wird auch kärglich ernten; und wer da sät im Segen, der wird auch ernten im Segen. Ein jeder, wie er's sich im Herzen vorgenommen hat, nicht mit Unwillen oder aus Zwang; denn einen fröhlichen Geber hat Gott lieb."

> **Gesprächsimpuls:**
> Welche Gedanken und Gefühle verbinden sich für euch mit dem Thema Finanzen? Sprecht über Chancen und Schwierigkeiten.

Gemeinsame Zukunftsvorstellungen
Mancher heiratet und nimmt an, nach der Hochzeit werde sich alles von selbst ergeben. Das tut es auch, nur ist das, was sich spontan ergibt, nicht immer das, was eine Beziehung auf Dauer fit hält. Vielleicht treten mit der Zeit Langeweile oder Spannungen auf. Dann fragen sich die zwei: „Wo geht es lang? Was wollen wir eigentlich?" Eine Ehe ohne Ziel ist wie eine Fahrt ins Ungewisse. Man findet sich irgendwo wieder und fragt sich, ob man dort auch hinwollte.

Klare und schriftlich fixierte Ziele bringen eine Ehe vorwärts und geben den Partnern Befriedigung, weil sie miteinander erreichen, was sie für wichtig erachten. Seid Visionäre, betet für eure gemeinsame Zukunft und definiert „schlaue" Ziele!

Schlaue Ziele

S	– spezifisch	möglichst konkret und klar formuliert
C	– clever	gut durchdacht, realisierbar
H	– herausfordernd	Es darf etwas kosten, damit es weiterbringt, aber nicht überfordern.
L	– limitiert Zeitrahmen	Bis wann soll das Ziel erreicht sein?
A	– aktuell	Schritte, die jetzt dran sind als Investition für die großen Ziele
U	– überprüfbar	Zeiten festlegen, wann diese Ziele überprüft werden.

Gesprächsimpuls:
Sprecht über eure Vorstellungen und Ziele in folgenden Bereichen und formuliert „schlaue" Ziele:
- Ehe, Familie, Kinder
- Gemeinde
- Wohnort
- Sonstiges

Eins zu werden ist eine lebenslange Reise, die herausfordernd, manchmal schwierig, aufregend, begeisternd und lohnend ist. Es bedarf allerdings einer Menge Angleichungen von beiden Seiten und einer positiven Grundhaltung zueinander. Gott möchte, dass ihr in eurer Ehe eins werdet und auf diese Art eine tiefe Erfüllung erlebt.

Zehn Schlüssel zum Einswerden

1. Lasst Jesus die Nummer eins in eurem Ehebund sein!
2. Betet regelmäßig zusammen!
3. Sucht Orientierung in Gottes Wort!
4. Lebt einen Lebensstil der Vergebung!
5. Ermutigt einander jeden Tag!
6. Pflegt das tiefe und ehrliche Gespräch und unternehmt regelmäßig etwas miteinander, was euch Spaß macht!
7. Nutzt alle Stockwerke eures Hauses der Kommunikation ausgiebig und richtet euch keinesfalls im Keller der Kritik ein!
8. Helft einander, wann immer sich die Gelegenheit dazu ergibt!
9. Gebt einander Vorrang! Lasst ungesunde Abhängigkeiten von Verwandten und Freunden hinter euch!
10. Seid beste Freunde und pflegt eure Liebe und Intimität!

Anhang A
Checkliste zur Vorbereitung des Hochzeitsfestes

Vor dem Hochzeitstag müssen Pläne erstellt werden, damit an dem großen Tag alles klappt. Die folgenden Stichworte werden euch bei eurer Planung helfen.

- Abstammungsurkunde
- Gästeliste
- Einladungen
- Wunschliste für Geschenke
- Eheringe
- Vorbestellung der Kirche
- Vorbestellung der Räume für die Feier
- Blumenarrangements für Kirche und Festräumlichkeiten
- Brautkleid
- Brautstrauß
- Hochzeitstorte
- Hochzeitsauto
- Sound-Anlage und Techniker für den Gottesdienst
- Gottesdienstordnung
- Musiker und Musikinstrumente
- evtl. Person, die filmt
- Fotograf
- Ordner
- Pfarrer
- Dankesgeschenke für Eltern
- Planung und Buchung der Flitterwochen
- Programmleiter für die Feier

Vergesst die Unterkunft für die Hochzeitsnacht nicht!!!

Ein Hotelzimmer, von dem niemand weiß, ist häufig besser als die eigene Wohnung. Der Sinn für Scherze von Brautpaar und Freunden ist u. U. ziemlich unterschiedlich.

Picknickkorb

Während des Festtages kommt das Brautpaar manchmal nicht zum Essen oder der Hunger meldet sich erst, wenn keine Gäste mehr dabei sind. Gerne wird eine Freundin eine Auswahl vom Buffet und Getränke einpacken.

Es ist sehr wichtig, dass ihr beide mit euren Eltern im Vorfeld über die Kosten der Hochzeit sprecht und die Erwartungen abklärt, wer was bezahlt.

Anhang B
Vorbereitung auf die Hochzeitsnacht

Gott heißt Sex in der Ehe nicht nur gut, sondern er ist von seiner genialen Idee geradezu begeistert. Ihr seid im Begriff, euren Bund zu besiegeln, zu feiern, zu entdecken und gemeinsam zu erforschen. Sex kann euch ein ganzes Eheleben lang Freude, Entspannung, Befriedigung und tiefe Nähe vermitteln. Die Vorfreude und etwas Vorbereitung werden euch einen guten Start geben.

Vieles im Leben müssen wir lernen. Sexualität ist davon nicht ausgenommen. Filme vermitteln uns oft ein unrealistisches Bild. Weil wir in diesem Bereich sehr unterschiedlich sind, kann man bei der ersten sexuellen Begegnung noch kein „Meister" sein.

Gut ist es, wenn man sich im Vorfeld mit dem Körper und seinen Funktionen befasst. Jede junge Frau sollte über ihren Zyklus und darüber, wie sie ihre fruchtbaren und unfruchtbaren Tage erkennen kann, Bescheid wissen.

Da es bei einer sexuellen Begegnung nicht nur um eine äußere Handlung geht, sondern sich hierbei auch unser Geist vereint, braucht es viel Einfühlungsvermögen. Auch in diesem Bereich ist das Gespräch zentral: Welche Vorstellungen habe ich und welche Vorstellungen hast du? Wo wollen wir die Hochzeitsnacht verbringen? Werden wir nach einem anstrengenden Tag noch Kraft haben? Was machen wir, wenn wir sehr müde sind?

Je näher der Hochzeitstag rückt, desto stärker wird das sexuelle Verlangen. Eine gute Möglichkeit damit umzugehen ist, über Geschlechtsverkehr zu reden, statt ihn zu praktizieren. Allerdings sollte der Ort für solch ein Gespräch nicht gerade ein Schlafzimmer sein. Ein Café wäre sicher die bessere Wahl. Auch die Themen Familienplanung und Empfängnisregelung sollten besprochen werden.

Ein Mann sollte wissen, dass die Sexualorgane der Frau verborgen sind und erst „wachgerufen" werden müssen. Worte der Bewunderung und zarte Berührungen öffnen die Seele der Frau, und ihre Genitalien bereiten sich darauf vor, ihren Geliebten zu empfangen. Er sollte vorsichtig und liebevoll vorangehen und sich darauf einstellen, dass seine Frau Zeit und Zärtlichkeit braucht, damit diese erste Begegnung wirklich zu einem innigen Erlebnis für sie wird. Einen behutsamen und einfühlsamen Liebhaber zu haben, ist für die Frau ein wertvolles Geschenk.

Eine Frau sollte ihrem Ehemann erklären, was für sie schön und angenehm ist. Woher sollte er sonst wissen, was für sie wichtig ist? (Welche Atmosphäre – z. B. Kerzen, bestimmte Musik, liebevolle Worte, Berührungen – helfen dir zu entspannen, und was möchtest du nicht?)

Ein gemeinsames Bad und eine Körpermassage mit Duftöl ist eine gute Möglichkeit sich aufeinander einzustellen. Allgemein ist der Mann gut beraten, wenn er auf die Signale und Leitung der Frau achtet. Erfahrene Berater legen nahe, einander ausgiebig „wohl zu tun" und Vergnügen zu bereiten, statt zielgerichtet auf die Penetration zuzusteuern. Dann wird die Frau spüren, wann sie bereit ist, ihren Mann zu empfangen. Ihre Einladung und Bereitschaft, sich ihm völlig hinzugeben, ist das schönste Geschenk, das sie ihm machen kann.

Die Frau sollte auch wissen, dass ihr Mann sehr schnell zum Höhepunkt kommen kann. Er wird erst lernen müssen, seine Ejakulation zu kontrollieren. Für ihn wäre es schmerzhaft, wenn sie sich plötzlich abwenden oder einschlafen würde. Beim ersten Mal wird eine Frau häufig noch keinen Orgasmus erleben, was aber nicht bedeutet, dass sie es nicht genießen kann, sich in den Armen ihres Mannes geborgen und wohl zu fühlen.

Der Mann sollte wissen, dass die Frau anfangs etwas wund werden kann, besonders wenn sie noch Jungfrau ist. Ausgiebige vorbereitende Zärtlichkeiten und die Benutzung eines Gleitgels helfen. Er sollte auch schon mal geübt haben, wie man sich ein Kondom überstülpt, falls sie beabsichtigen, eins zu benutzen. Die erste sexuelle Begegnung ist der Anfang eines wunderbaren Miteinanders, eines gemeinsamen Lernens und Zueinanderwachsens.

Flitterwochen

Für die Flitterwochen lohnt es sich genügend Zeit einzuplanen, damit man sich in Ruhe und in entspannter Atmosphäre, fern von Freunden und Verpflichtungen, an einem romantischen Ort aufeinander konzentrieren kann. Es empfiehlt sich auch, ein gutes Buch mitzunehmen.

Buchempfehlung: „Licht an, Socken aus!" von Kevin Leman (Hänssler), „Wie schön ist es mit dir" von Tim LaHaye (Gerth)

Anhang C
AIDS

Wegen der steigenden Zahl von HIV-Infizierungen ist es wichtig, sich mit diesem Thema zu befassen.

Übertragung und Ansteckung kann auf folgende Weise geschehen:

a. Durch sexuellen Kontakt: Der AIDS-Virus wird im Blut und im Sperma einer infizierten Person transportiert. Er kann übertragen werden, wenn diese Flüssigkeiten in den Körper einer gesunden Person gelangen.

b. Wenn infiziertes Blut direkt in den Blutkreislauf einer Person gelangt: Das kann passieren bei unsauberen Injektionsnadeln, Spritzbestecken und bei Eingriffen mit medizinischen und zahnmedizinischen Instrumenten, die bei infizierten Personen benutzt wurden.

c. Eine kleine Anzahl von Menschen haben AIDS durch Bluttransfusionen bekommen. Dies ist aber kein Problem mehr, da seit 1985 alle Blutprodukte vor Verwendung auf den AIDS-Virus überprüft werden.

d. Der Virus kann durch eine infizierte Mutter an ihr Kind weitergegeben werden.

Aus Liebe sollte man in diesen Fragen offen miteinander sein und darüber sprechen, ob man in irgendeiner Weise davon betroffen ist. Gegebenenfalls sollte man sich einem Test unterziehen und sich der weitreichenden Folgen für die Zukunft bewusst sein. Es bedarf sehr viel Sensibilität.

Wird bei einem der beiden Partner eine HIV-Infektion festgestellt, besteht die Gefahr der Übertragung an den anderen und an die späteren Kinder.

Unter Einbeziehung des Ergebnisses sollte man liebevoll über Zukunftsmöglichkeiten sprechen und zu einer übereinstimmenden Entscheidung kommen. Unter Umständen kann es auch bedeuten, dass die Beziehung beendet wird.

Andere sexuell übertragbare Krankheiten

Die Infektion mit anderen sexuell übertragbaren Krankheiten nimmt durch die ausgelebte Freizügigkeit in den westlichen Ländern ebenfalls zu. In der Vorbereitung auf die Ehe sollte auf jeden Fall geklärt werden, ob dem zukünftigen Partner eine Ansteckung droht.

Der beste Schutz vor jeder sexuell übertragbaren Krankheit ist sexuelle Reinheit (ein Partner fürs ganze Leben!).

Anhang D
Leitfaden zur Lösung von Familienfluch

Vielleicht fällt uns bei bestimmten Problemen, mit denen wir als Paar oder Familie zu kämpfen haben, auf, dass auch vorhergehende Generationen mit vergleichbaren Dingen ihre Schwierigkeiten hatten. In diesem Falle könnte es sein, dass wir einem Fluch auf der Spur sind, der in unserer Familie wirksam ist.

> *2. Mose 20,5f (REÜ): „Ich, der HERR, dein Gott, bin ein eifersüchtiger Gott, der die Schuld der Väter heimsucht an den Kindern, an der dritten und vierten Generation von denen, die mich hassen, der aber Gnade erweist an Tausenden von Generationen von denen, die mich lieben und meine Gebote halten."*

Es ist eine Tatsache, dass Entscheidungen von Eltern auch die nächste(n) Generation(en) beeinflussen und sie die Konsequenzen mittragen müssen. Für die Kinder ist es natürlich und leicht, in den vorgegebenen Bahnen weiterzugehen und einen ähnlichen Lebensstil zu entwickeln. Sicher gibt es verschiedene Faktoren, die dabei zusammenwirken und die man nicht klar voneinander abgrenzen kann (Genetik, Lernen durch Vorbild und geistliche Einflüsse durch eigene Festlegungen oder durch sündhafte Verhaltensweisen, die schon vorherige Generationen gepflegt haben).

In einigen Familiengeschichten, die im Alten Testament erzählt werden, lässt sich eine Fluchlinie erkennen:

Zum Beispiel hat es Abraham mit der Wahrheit nicht genau genommen, als er seine Frau als seine Schwester ausgab. Sein Sohn Isaak tat es ihm gleich. Dessen Sohn Jakob wurde als Betrüger bekannt. Die Söhne Jakobs belogen und betrogen ihren Vater hinsichtlich ihres Verbrechens an ihrem Bruder Josef.

In König Davids Familie lässt sich eine ungute Linie im Umgang mit Frauen und Sex erkennen (David–Batseba, Amnon–Tamar, Salomo–heidnische Frauen).

In manchen Familien werden seit Generationen Ehen geschieden, in anderen werden durch Manipulation Menschen in ein unterdrückendes System gezwungen usw.

Wie können wir vorgehen, wenn wir den Eindruck gewinnen, von einem Familienfluch betroffen zu sein?

Umkehr (Buße) und Vergebung

Weil Jesus für uns zum Fluch geworden ist (Galater 3,13), gibt es die Möglichkeit, dass ein Fluch gebrochen wird. Die Voraussetzung dafür ist die Vergebung der Sünde. Es hat den Sohn Gottes das Leben gekostet, Vergebung zu ermöglichen. Gott vergibt, wenn der Mensch Buße tut, d. h. seine Gesinnung ändert (Apostelgeschichte 2,38).

Bei sündhaften Verhaltensweisen, die über Generationen praktiziert werden, können wir nach dem Vorbild Daniels und Nehemias beten. Sie haben sich mit ihren Vorfahren identifiziert und deren Sünden bekannt („Wir haben gesündigt").

Daniel 9,4–5,8 (REÜ): „Ich betete zum HERRN, meinem Gott, und ich bekannte und sprach: Ach, Herr, du großer und furchtbarer Gott, der Bund und Güte denen bewahrt, die ihn lieben und seine Gebote halten! **Wir haben gesündigt** *und haben uns vergangen und haben gottlos gehandelt und wir haben uns aufgelehnt und sind von deinen Geboten und von deinen Rechtsbestimmungen abgewichen, HERR. Bei uns ist die Beschämung des Angesichts, bei unseren Königen, unseren Obersten und unseren Vätern, weil* **wir** *gegen dich gesündigt haben. Und ganz Israel hat dein Gesetz übertreten und ist abgewichen, sodass sie deiner Stimme nicht gehorcht haben. Und so hat sich der Fluch und der Schwur über uns ergossen, der im Gesetz des Mose, des Knechtes Gottes, geschrieben steht, weil* **wir** *gegen ihn gesündigt haben."*

Nehemia 1,6–7 (REÜ): „Lass doch dein Ohr aufmerksam und deine Augen offen sein, dass du auf das Gebet deines Knechtes hörst, das ich heute, Tag und Nacht, für die Söhne Israel, deine Knechte, vor dir bete und mit dem ich die Sünden der Söhne Israel bekenne, die **wir** *gegen dich begangen haben!* **Auch ich und meines Vaters Haus, wir** *haben gesündigt."*

Den Fluch im Namen Jesu lösen

Jesus hat seinen Nachfolgern Autorität gegeben, in seinem Namen geistlich zu handeln. Wenn durch Vergebung die Rechtsgrundlage gegeben ist, können wir uns von geistlichen Bindungen lossagen und Ansprüchen der Finsternis widersprechen.

Matthäus 18,18 (REÜ): „Wenn ihr etwas auf der Erde bindet, wird es im Himmel gebunden sein, und wenn ihr etwas auf der Erde löst, wird es im Himmel gelöst sein."

1. Petrus 1,18 (GNB): „Ihr wisst, um welchen Preis ihr freigekauft worden seid, damit ihr nun nicht mehr ein so sinn- und nutzloses Leben führen müsst, wie ihr es von euren Vorfahren übernommen habt. Nicht mit Silber und Gold seid ihr freigekauft worden – sie verlieren ihren Wert, sondern mit dem kostbaren Blut eines reinen und fehlerlosen Opferlammes, dem Blut von Christus."

Weiterführende Literatur: Derek Prince, Segen oder Fluch – Sie haben die Wahl (Verlag Gottfried Bernard)

Anhang E
Vergebung von sexuellen Sünden und Heilung der Folgen

Die Ehe ist eine Bundesbeziehung mit geistlichen, seelischen und körperlichen Dimensionen. Sie ist ganzheitlich. Der Ehebund wird mit dem ersten sexuellen Akt vollzogen, dem Symbol unserer Einheit als Mann und Frau. Die körperliche und geistliche Vereinigung im sexuellen Akt sollte ein zutiefst inniges, zärtliches und heiliges, äußeres Zeichen und Symbol des Ehebundes sein, mit dem wir unser ganzes Leben lang unseren Bund immer wieder feiern. Heiliger Sex ist Gottes Geschenk an uns Menschen. Es ist tragisch, die Gabe der Sexualität zu missbrauchen.

Gottes Plan sieht vor, dass sexueller Verkehr ausschließlich innerhalb der Grenzen des Ehebundes stattfindet. Das Paar soll tiefe Freude erleben und in der Lage sein, eine Familie zu gründen, in der Kinder wertgeachtet, geliebt und versorgt werden.

Die Bibel warnt ausdrücklich vor Ehebruch und Unzucht, weil diese Sünden eine besondere Zerstörung für den eigenen Körper und das eigene Leben zur Folge haben und auch dem Partner ernstlichen Schaden zufügen. Wenn sich zwei Personen im sexuellen Akt verbinden, geschieht nicht nur eine körperliche, sondern auch eine seelische und geistliche Vereinigung. Offensichtlich bleibt die geistlich-seelische Verbindung auch dann weiter bestehen, wenn die beiden sich wieder trennen.

Maleachi 2,14–16: „Ihr aber sprecht: ‚Warum das?' Weil der HERR Zeuge war zwischen dir und der Frau deiner Jugend, der du treulos geworden bist, obwohl sie doch deine Gefährtin und die Frau ist, mit der du einen Bund geschlossen hast. Nicht einer hat das getan, in dem noch ein Rest von Geist war. Denn er sucht Nachkommen, die Gott geheiligt sind. Darum so seht euch vor in eurem Geist, und werde keiner treulos der Frau seiner Jugend. Wer ihr aber gram ist und sie verstößt, spricht der HERR, der Gott Israels, der bedeckt mit Frevel sein Kleid, spricht der HERR Zebaoth. Darum so seht euch vor in eurem Geist und brecht nicht die Treue!"

1. Korinther 6,18 (Hfa): „Deshalb warne ich euch eindringlich vor jeder verbotenen sexuellen Beziehung! Denn mit keiner anderen Sünde vergeht man sich so sehr am eigenen Körper wie mit sexueller Zügellosigkeit."

Erfahrungen des sexuellen Missbrauchs oder sexuelle Erfahrungen eines der Partner vor oder außerhalb der Ehe machen es schwierig, sich rückhaltlos an den rechtmäßigen Ehepartner zu verschenken. Häufig ist ein Heilungsprozess nötig, in dem die Betroffenen über ihre Erlebnisse sprechen können und mithilfe einfühlsamer Begleitung und Gebetsunterstützung fähig werden zu vergeben und Vergebung zu empfangen und in dem ihr Selbstwert und ihre Vertrauensfähigkeit wiederhergestellt wird.

1. Thessalonicher 4,2–8 (Hfa): „Ihr kennt ja die Gebote, die wir euch in seinem Auftrag gegeben haben. Gott will, dass ihr ganz und gar ihm gehört. Deshalb soll niemand unerlaubte sexuelle Beziehungen eingehen. Jeder soll mit seiner Ehefrau so zusammenleben, wie es Gott gefällt, und auf sie Rücksicht nehmen. Ungezügelte Leidenschaft ist ein Kennzeichen der Menschen, die Gott nicht kennen. Keiner von euch darf seinen Mitmenschen betrügen oder auf irgendeine Weise übervorteilen. Denn wir haben es euch bereits mit allem Nachdruck gesagt: Wer so etwas tut, wird in Gott einen unbestechlichen Richter finden. Gott hat uns nicht zu einem ausschweifenden Leben berufen, sondern wir sollen ihn mit unserem Leben ehren. Wer sich darüber hinwegsetzt, der verachtet nicht Menschen; er verachtet Gott, dessen Heiliger Geist in euch wohnt."

Matthäus 5,27–28 (Hfa): „Ihr wisst, dass es im Gesetz heißt: ‚Du sollst nicht die Ehe brechen!' Ich sage euch aber: Schon wer eine Frau mit begehrlichen Blicken ansieht, der hat im Herzen mit ihr die Ehe gebrochen."

Wie können wir frei werden von den Folgen sexueller Sünde?

1. Freiheit ist nur wegen Gottes grenzenloser Gnade möglich. Weil Gott uns so sehr liebt, sandte er seinen Sohn, der die Strafe für unsere Sünde auf sich genommen hat, damit uns vergeben werden kann und wir wieder heil werden. Jesus hat an unserer statt gelitten und ist gestorben, um uns von Sünde zu befreien und uns ein überfließendes Leben voller Freude zu geben (Johannes 3,16; Römer 6,23).
2. Zuerst ist es notwendig, der Vergangenheit ins Auge zu sehen, die Sünden zu benennen und zu bekennen und anzuerkennen, Gottes Gebote übertreten zu haben (2. Korinther 7,10, 1. Johannes 1,9). Es ist eine Entscheidung, die wir treffen. Der Herr Jesus hat seine Jünger (das schließt uns ein) beauftragt und bevollmächtigt, in seinem Namen zu handeln und einander Vergebung zuzusprechen. Wenn jemand seine Sünden bereut und sie einem Bruder oder einer Schwester in Christus bekennt und um Vergebung bittet, darf dieser ihm sagen: „Im Namen Jesu, dir ist vergeben." Der Herr hat versprochen, die Vergebung zu bestätigen (Matthäus 18,20; Jakobus 5,16).
3. Sexuelle Sünden der Vergangenheit können einen direkten Einfluss auf das Intimleben mit dem Ehepartner haben, manchmal selbst dann noch, wenn sie vergeben sind. Erinnerungen an frühere Sexualpartner, die sich vielleicht aufdrängen, oder die Angst, der Partner könnte untreu werden, untergraben das Vertrauen. In solchen Situationen dürfen wir den Herrn bitten, diese Erinnerungen und Ängste zu heilen. Jesus hat uns göttliche Autorität übertragen, die geistliche Verbindung zu durchtrennen, mit der eine Person an den Menschen gebunden ist, mit dem sie die sexuelle Sünde begangen hat. Binden und Lösen im Namen Jesu ist machtvoll und effektiv und wir dürfen einander diesen wichtigen seelsorgerlichen Dienst tun (Matthäus 18,18–35). Aber zuerst muss sich die Person, die frei werden möchte, vom früheren Partner lossagen.

Wurde die Vertrauensbeziehung zum Partner verletzt, braucht es ehrliche Reue und die Bitte um Vergebung. Auch wenn der Partner vergibt, kann es sein, dass die Wiederherstellung Zeit erfordert. Der Partner, der gesündigt hat, muss sich wieder als vertrauenswürdig beweisen. Der gekränkte Partner braucht meist viel Verständnis und Geduld, bis die zarte Pflanze des Vertrauens wieder gewachsen ist (Sprüche 16,6).

Gott sei Dank, dass die Erlösung, die unser Herr Jesus erwirkt hat, als er sein Leben für uns opferte, auch für unsere Beziehungen gilt. Wir dürfen im Prozess echter Heilung und Wiederherstellung mit seiner Leitung und Hilfe rechnen. Es ist möglich (Johannes 8,31–36)!

Buchempfehlung: Gwen Purdie, Jetzt tut es nicht mehr weh. Leben nach sexuellem Missbrauch (Asaph-Verlag)

Anhang F
Scheidung und Wiederheirat

(zusätzliches Treffen empfohlen)

In unserer Gesellschaft scheint Scheidung eine logische Option zu sein, wenn Probleme in der Ehe auftreten. Leider steigt die Zahl der Scheidungen beständig weiter, aber oft wird nicht gesehen, wie viele Schmerzen und seelische Verletzungen der Zerbruch einer Ehe mit sich bringt, sowohl bei den Erwachsenen als auch bei den Kindern, und welche Auswirkungen das für den Rest des Lebens hat.

Es ist wichtig, sich Zeit zu nehmen, um die Folgen, die eine vorangegangene Scheidung auf eine neue Ehe haben kann, anzuschauen.

Maleachi 2,16 (Hfa): „Denn der Herr, der allmächtige Gott Israels, sagt: „Ich hasse Ehescheidung. Ich verabscheue es, wenn ein Mann seiner Frau so etwas antut. Darum nehmt euch in Acht, und brecht euren Frauen nicht die Treue!"

Wenn die Bibel davon spricht, dass Gott Scheidung hasst, meint sie, dass er den Treuebruch, die Verletzungen und den Schmerz hasst, die mit einer Scheidung einhergehen. Die Menschen, die darin involviert sind, liebt er unverändert (siehe Johannes 8,1–11).

Scheidung ist nicht Gottes ursprüngliche Absicht

Matthäus 19,3–8 (Hfa): „Da kamen einige Pharisäer zu Jesus, weil sie ihm eine Falle stellen wollten. Sie fragten ihn: ‚Darf sich ein Mann von seiner Frau aus jedem beliebigen Grund scheiden lassen?' Jesus antwortete: ‚Lest ihr denn die Heilige Schrift nicht? Da heißt es doch, dass Gott am Anfang Mann und Frau schuf und sagte: ‚Ein Mann verlässt seine Eltern und verbindet sich so eng mit seiner Frau, dass die beiden eins sind mit Leib und Seele.' Sie sind also eins und nicht länger zwei voneinander getrennte Menschen. Was nun Gott zusammengefügt hat, soll der Mensch nicht scheiden.' ‚Doch weshalb', fragten sie weiter, ‚hat Mose dann vorgeschrieben, dass der Mann seiner Frau eine Scheidungsurkunde gibt, wenn er sich von ihr trennt?' Jesus antwortete: ‚Mose erlaubte es, weil er euer hartes Herz kannte. Ursprünglich ist es aber anders gewesen.'"

1. Scheidung bricht den Bund und das Versprechen der Ehe. Treue und Vertrauen werden zerstört.
2. Sie zerreißt die Partner innerlich. (Wie gebackenes Brot nicht wieder in seine ursprünglichen Zutaten zurückgeführt werden kann, können auch die Seelen und der Geist der Partner nicht wieder auseinandergenommen werden).
3. Scheidung bricht Herzen und belastet die Beziehung zu Gott.
4. Das Geschehen hat emotionale, geistliche und physische Auswirkungen auf Erwachsene und Kinder, u. a. wird die Vertrauens- und Bindungsfähigkeit beeinträchtigt, das soziale Netz wird zerstört, finanzielle Einbußen und häufig wirtschaftliche Not sind die Folge. Die negativen Auswirkungen betreffen den gesamten sozialen Kontext (Eltern- und Schwiegereltern, andere Verwandte, Freundeskreis, Gemeinde, Nachbarschaft usw.).
5. In der betroffenen Familie entstehen große Spannungen, was oft zu Gewalt und Missbrauch führt.

All dies war nicht Gottes Absicht für unsere Ehe. Gott möchte, dass wir in Offenheit und Ehrlichkeit miteinander umgehen. Dennoch verurteilt er uns nicht, sondern er hat alles getan, damit unsere zerbrochenen Herzen heil werden können. Heilung ist möglich, aber sie geschieht in einem Prozess und erfordert eine ehrliche Beschäftigung mit der Vergangenheit, sodass wir aus den Fehlern lernen und diese sich nicht in der neuen Beziehung wiederholen.

Fragen für Geschiedene, die einen neuen Partner heiraten wollen

Die folgenden Fragen können dem geschiedenen Partner bei der Aufarbeitung helfen. Er sollte sich zunächst selbst diesen Fragen stellen und sie mit einem Seelsorger bearbeiten. Darüber hinaus sollte er auch mit dem neuen Partner ehrlich und offen darüber reden.

1. Was war mein Anteil am Scheitern, und habe ich diese Gründe aufgearbeitet?
2. Welche Lektion habe ich aus dem Zerbruch meiner vorherigen Ehe gelernt?
3. Inwiefern habe ich mich seitdem verändert?
4. Was hat mich in meiner früheren Beziehung verletzt?
5. Wie bin ich mit meinen Verletzungen umgegangen?
6. Was habe ich unternommen, um meine vorherige Ehe zu retten?
7. Habe ich den Herrn für den Bruch des Ehebundes um Vergebung gebeten?
8. Habe ich meine Kinder für meinen Anteil am Scheitern der vorherigen Ehe um Vergebung gebeten?
9. Bekamen die Kinder Hilfe bei der Aufarbeitung des Verlusts eines Elternteils?
10. Wie ist die jetzige Beziehung zu meinem früheren Partner?
11. Wie steht mein früherer Partner zu meiner Absicht, wieder zu heiraten?
12. Hat mein jetziger Partner meinen früheren Partner getroffen?
13. Welche Ängste habe ich angesichts einer neuen Ehe?
14. Akzeptieren meine Kinder die Wiederheirat?
15. Wie soll der Kontakt meiner Kinder zum anderen Elternteil und Großeltern gestaltet werden?
16. Habe ich wirklich die Kosten überschlagen, die eine Wiederheirat mit sich bringen?
17. Was hat mich zu dem Entschluss gebracht, gerade diese Person zu heiraten?
18. Haben wir über die Frage der Finanzen in folgenden Bereichen gesprochen:
    - das Vermögen, das jeder in die Ehe mitbringt?
    - das Geld, das ich meinen Kindern aus der vorherigen Ehe hinterlasse?
    - ein Testament, das ich bereits bezüglich des Vermögens gemacht habe?

Buchempfehlungen:

- Leslie Parrott, Das zweite Glück. Was Sie bedenken sollten, wenn Sie noch einmal heiraten (SCM R. Brockhaus
- Heinzpeter Hempelmann, Ehe, Ehescheidung und Wiederheirat. Eine biblisch-exegetische und praktisch-seelsorgerliche Orientierung (VLM)

Informationen über den Familiendienst von Jugend mit einer Mission finden Sie hier:

www.jmem-familiendienst.de

www.jmem-hc.de

oder schreiben Sie an:

JMEM Hainichen

Jugend- und Familienzentrum

Berthelsdorfer Straße 7, 09661 Hainichen

Andreas & Angela Frész
Abenteuer Familie im Dienst
Ein Kursbuch für engagierte Familien
in Gesellschaft, Gemeinde und Mission
(ISBN 978-1-57658-482-8, Best.-Nr. 888507)

Familien im Dienst engagieren sich in Gesellschaft, Gemeinde und Mission. Mittendrin gestalten sie ihr Familienleben und erziehen ihre Kinder. Dieses Buch gibt Impulse zu Brennpunktthemen und Anregungen zur praktischen Umsetzung zuhause: Erfahrungsberichte aus aller Welt bieten Orientierungshilfe für ein mutiges und doch nicht waghalsiges Abenteuer. Das Buch soll Mut machen, Familie zu leben und Familie zu genießen und einer Welt, die Orientierung braucht, Zeichen der Hoffnung zu sein.

Das Besondere an diesem Buch: wird es als Handbuch für einen Kurs verwendet, inspiriert und strukturiert es den Austausch mit anderen Familien.

Das sagen andere dazu:

„Wer sich in Gemeinde und Mission engagiert, wird dabei immer wieder auch schwierige persönliche Phasen durchlaufen. Die Autoren wissen das, haben es selbst erlebt und lassen diese Erfahrung in ihr Buch einfließen. Weil das Buch auch die schwierigen Themen nicht ausspart, ist es eine Bereicherung für alle, die sich haupt- oder ehrenamtlich im Reich Gottes einsetzen."

Martin Gundlach, Chefredakteur family

„Familie ist eine generationenübergreifende Dienstgemeinschaft. Hier wird Solidarität gelernt und geübt. Und darum freue ich mich, dass dieses Buch für diese wichtige und lohnende, schöne und auch sinnstiftende Aufgabe Anleitung gibt."

Hartmut Steeb, Generalsekretär der Deutschen Evangelischen Allianz

NOTIZEN

NOTIZEN

NOTIZEN

NOTIZEN

Weitere Titel aus dem Asaph-Verlag

Floyd McClung
Freundschaft mit Gott
190 Seiten, Paperback, Best.-Nr. 147422

In Ihrer Buchhandlung oder direkt bei www.asaph.net